글 조수연 (호시담심리상담센터)

서울대학교에서 교육 상담 전공으로 박사 학위를 받았습니다. 2006년부터 사람의 마음에 대한 전문 활동을 시작하였고, 한국상담심리학회 및 한국상담학회 주수련 감독급 상담 전문가입니다. 현재 호시담심리상담센터 대표 상담자 및 서울대학교 교육학과 강사로 재직하고 있습니다. 특히 대인 관계, 성격, 자존감, 의사소통, 학교 상담에 집중하면서 심리 검사 개발과 심리 상담 및 연구, 강의를 활발하게 하고 있습니다. 현장 전문가로서 전국 학교 상담 전문가들의 교육 나눔 모임 <오름 클래스>를 기획, 운영하고 있습니다.

호시담심리상담센터 www.hosidampsy.com
당신의 포레스트 심리검사연구소 www.ur4rest.com
조수연의 마음쉼표 https://audioclip.naver.com/channels/4119

 **함께 생각을 담은 호시담 사람들**

- 조희진 ㅣ (주)호시담 상담 사업 본부장
  한성대학교 상담 심리 전공 석사
  한국 MBTI 연구소 일반 강사

- 진정운 ㅣ (주)호시담 선임 연구원
  제주대학교 심리 치료 전공 석사

그림 소윤

2016년에 웹툰 『그림자 밟기』를 연재했으며 지금은 <케이툰>, <네이버 시리즈>, <왓챠> 등에서 서비스하며 새로운 작품을 준비하고 있습니다.

❺ 진로 선택

초판 1쇄 발행 2023년 10월 31일
초판 7쇄 발행 2025년 11월 25일

글 조수연(호시담심리상담센터) 그림 소윤

펴낸이 김선식
펴낸곳 다산북스

부사장 김은영
어린이사업부총괄이사 이유남
책임편집 윤보황 **디자인** 이정아 **책임마케터** 김희연
어린이콘텐츠사업2팀장 이지양 **어린이콘텐츠사업2팀** 이정아 류지민 박민아
어린이마케팅본부장 최민용 **어린이마케팅1팀** 안호성 김희연 이예주 **기획마케팅팀** 류승은 박상준
저작권팀 성민경 이슬 윤제희 **편집관리팀** 조세현 김호주 백설희
재무관리팀 하미선 임혜정 이슬기 김주영 오지수
인사총무팀 강미숙 김혜진 이정환 황종원
제작관리팀 이소현 김소영 김진경 유미애 이지우 황인우
물류관리팀 김형기 김선진 주정훈 양문현 채원석 박재연 이준희 최대식

출판등록 2005년 12월 23일 제313-2005-00277호
주소 경기도 파주시 회동길 490 **전화** 02-704-1724 **팩스** 02-703-2219
다산어린이 카페 cafe.naver.com/dasankids **다산어린이 블로그** blog.naver.com/stdasan
종이 신승INC **인쇄** 북토리 **코팅 및 후가공** 제이오엘앤피 **제본** 대원바인더리

ISBN 979-11-306-4633-6
       979-11-306-2341-2 77250 (세트)

+ 책값은 표지 뒤쪽에 있습니다.
+ 파본은 본사와 구입하신 서점에서 교환해 드립니다.
+ 이 책은 저작권법에 의하여 보호를 받는 저작물이므로 무단 전재와 복제를 금합니다.

| 품명: 도서 | 제조자명: 다산북스
제조국명: 대한민국 | 전화번호: 02)704-1724
주소: 경기도 파주시 회동길 490
제조년월: 판권 별도 표기 | 사용연령: 8세 이상

※ KC마크는 이 제품이 공통안전기준에 적합하였음을 의미합니다.

나의 성격을 이해하고 더 멋진 내가 되는

우리들의 MBTI 5

· 진로 선택 ·

글 조수연(호시담심리상담센터) | 그림 소윤

머리말

MBTI로 성격 특성을 이해하고
더 즐겁게 진로를 탐색할 수 있기를

사람에게는 누구에게나 성격이 있어요. 그리고 각자의 성격은 다른 매력을 가지고 있답니다. 그래서 같은 상황에 있더라도 저마다 경험한 것과 성격이 다르기 때문에 서로 다른 생각과 행동을 하게 되지요.

성격의 차이는 자연스럽게 나와 친구, 가족 등 서로에게 영향을 주게 됩니다. 진로를 탐색할 때도 마찬가지예요. 성격 특성에 따라서 흥미롭게 생각하는 것이 다르기 때문에, 진로 선택에 영향을 줘요. 저마다 일을 할 때 행동하는 방식, 일할 때 중요하게 생각하는 과정, 목표를 이루는 방법이 참 다양하지요. 이럴 때 우리의 성격 특성이 어떻게 나타나는지 이해한다면, 모두가 조금 더 즐겁고 편안하게 진로를 선택할 수 있지 않을까요?

그런 의미에서 여러분이 쉽고 흥미롭게 진로를 탐색할 수 있도록 이 책에 MBTI 진로 이야기를 담았습니다. 이 책을 읽고 여러분이 성격 특성을 이해하고 몰랐던 모습을 재발견하며 더 즐겁게 진로를 선택할 수 있기를 응원합니다. 그리고 MBTI가 누군가를 '이런 사람'이라고 고정된 틀 속에 넣어 단정 짓는 것이 아니라, 그동안 다 알지 못한 우리의 순간을 조금 더 이해할 수 있도록 돕는 실마리가 되는 것임을 이해하면 좋겠습니다.

호시담심리상담센터
조수연

이 책의 특징

만화
재미있는 만화를 통해 MBTI 성격 유형별로 진로를 탐색할 수 있습니다.

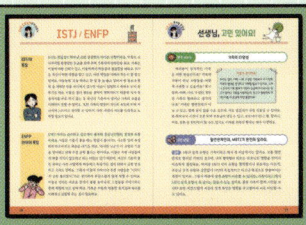

정보
호시담 선생님의 성격 이야기로 MBTI 유형별 진로 특징을 자세히 살펴보고, 호시담 상담실에서 고민을 해결할 수 있습니다.

MBTI 돋보기
만화와 정보에서 읽은 MBTI 성격 유형별 진로 특징과 직업을 한눈에 볼 수 있습니다.

특별부록

MBTI 캐릭터 스티커
<우리들의 MBTI 시리즈> 완간 기념!
어디든 꾸밀 수 있는 귀여운 MBTI 캐릭터 스티커가 들어 있습니다. 다이어리, 스터디 플래너, 스마트폰 케이스 등 꾸미고 싶은 물건에 스티커를 붙여 보세요.

차례

유형 네컷
- I & E ········ 10
- S & N ········ 12
- T & F ········ 14
- J & P ········ 16

프롤로그

MBTI 진로 선택 ········ 22
MBTI 성격 유형으로 ········ 25
진로를 알아봐요.

1장
첫 번째 자리 이니셜 I & E ········ 26
호시담 상담실 ········ 33
우리는 왜 일할까요?
고민 : 하고 싶은 일이나 이루고 싶은 꿈이 없어요.

2장
두 번째 자리 이니셜 S & N ········ 34
호시담 상담실 ········ 41
살아가는 데 꼭 필요한 것
고민 : 돈을 많이 버는 직업이 좋은 직업인가요?

3장 세 번째 자리 이니셜 T & F ········· 42

호시담 상담실 ········· 49
좋아하는 일 VS 잘하는 일
고민 : 학교생활도 어려운데 직업을 가질 수 있을까요?

4장 네 번째 자리 이니셜 J & P ········· 50

호시담 상담실 ········· 57
성공이란 무엇일까요?
고민 : 꿈을 이루지 못하면 어떡해요?

5장 _S_J 유형 ········· 58
ISTJ / ESTJ / ISFJ / ESFJ

호시담 선생님의 성격 이야기 ········· 67
_S_J 진로 탐색

6장 _S_P 유형 ········· 70
ISTP / ESTP / ISFP / ESFP

호시담 선생님의 성격 이야기 ········· 79
_S_P 진로 탐색

차례

7장 _NF_ 유형 82
INFJ / ENFJ / INFP / ENFP

호시담 선생님의 성격 이야기 91

_NF_ 진로 탐색

8장 _NT_ 유형 94
INTJ / ENTJ / INTP / ENTP

호시담 선생님의 성격 이야기 103

_NT_ 진로 탐색

에필로그
꿈꾸는 우리들 106

MBTI 돋보기
인생의 주인공 112
모아 보기 118
전문 심리 검사 안내 134

✿ 일러두기 ✿

MBTI 성격 유형이란?

MBTI는 카를 융이라는 유명한 심리학자의 성격 이론을 바탕으로 이사벨 마이어스와 캐서린 브릭스라는 모녀 심리학자가 개발한 성격 유형 검사입니다. 융은 사람이 태어나면서부터 타고난 성격이 있고, 그 성격을 통해 똑같은 상황에서도 서로 좋아하는 것이 다르다고 성격에 대해 설명해요.

MBTI 성격 유형은 각 유형마다 타고난 강점을 활용하고 단점을 보완하면서 성장할 수 있는 방향을 제시해 준답니다. 나의 성격과 가족의 성격을 함께 이해하면서 서로의 매력을 기억하면 더욱 좋을 것 같아요.

MBTI의 선호 지표

MBTI 성격 유형은 아래 그림과 같이 네 가지 기준으로 구분해요. 이 기준을 '선호 지표'라고 불러요. 성격 유형 검사를 통해서 어느 쪽 성향이 더 나타나느냐에 따라서 E 혹은 I와 같은 이니셜이 결정되지요.

열여섯 가지 MBTI 성격 유형

첫 번째부터 네 번째 자리까지 선호 지표의 이니셜을 순서대로 나열하면 총 열여섯 가지 서로 다른 성격 유형이 나타나요.

ISTJ ISTP ISFJ ISFP ESTJ ESTP ESFJ ESFP
INTJ INTP INFJ INFP ENTJ ENTP ENFJ ENFP

첫 번째 이니셜 I & E

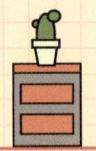

내 마음의 에너지 방향

성격 유형의 첫 번째 자리 이니셜은 내 마음의 공이 통통 튀어 가는 방향, 즉 내가 주의를 기울이는 방향을 의미해요. 나의 내부에 주의를 집중하는 것이 내향형 I, 나의 외부 환경에 주의를 집중하는 것은 외향형 E입니다.

내향형 I의 특징

나의 내면에 주의를 집중하는 것은 단골집에서 조용히 한 가지 음식을 먹는 것에 비유할 수 있어요. 단골집에서는 메뉴를 보고 이것을 시킬지 말지, 인터넷 검색도 해 보며 천천히 정할 수 있죠. 결국 자신만의 공간에서 조용하고 신중하게 활동을 하는 것입니다.

말이나 행동으로, 겉으로 드러나지는 않지만 내면에서는 활발한 활동이 일어나고 있어요. 충분히 생각한 후에 행동하니 말보다는 글 쓰는 것을 편안하게 느끼지요. 자기만의 시간에 집중할 때가 많다 보니 많은 사람과 어울리기보다는 소수의 사람과 어울릴 때 편안함을 느끼고 혼자 사색에 잠기며 에너지를 충전해요.

외향형 E의 특징

반대로 나의 외부 환경에 주의를 집중한다는 것은 뷔페에 가서 음식을 먹는 것에 비유할 수 있어요. 뷔페는 사람들로 북적이고 여러 가지 음식을 내가 직접 골라 담아 와야 하지요. 깊게 고민하기보다 끌리는 대로 우선 담아 와서 먹어요.

나의 외부 환경에 주의를 집중하게 되면 자연스럽게 활동량이 많아지고 친구 관계는 넓어져요. 생각하기 전에 손발이 먼저 앞서 나갑니다. 그러니 표현 방식도 글보다 말이 더 편안하겠지요. 에너지를 소모하는 것 같지만 외향형은 오히려 이렇게 밖으로 에너지를 발산하면서 자신의 에너지를 충전해요.

날씨 좋을 때 유형

I 내향형

오늘 날씨 정말 좋다! 밖에 나갈까?

아냐~ 집이 최고야~

#조용함 #나의마음에집중

E 외향형

날씨 정말 좋다! 무조건 나가야 해!

김치~

#활발함 #외부환경에집중

두 번째 이니셜 S & N

정보를 받아들이는 방식의 차이

성격 유형의 두 번째 자리 이니셜은 대상에 대한 정보를 이해하고 수집하는 방식을 의미해요. 현실에서 눈에 보이는 사실적이고 구체적인 정보를 수집하는 것은 감각형 S, 미래의 가능성에 초점을 맞춰 새로운 큰 그림에 해당하는 정보를 수집하는 것이 직관형 N입니다.

감각형 S의 특징

감각형이 정보를 수집하는 방식은 빽빽한 숲에서 나무를 보는 것에 비유할 수 있어요. 나무 하나하나를 세심하게 관찰하듯이 지금 경험하는 것에 주의를 기울여 구체적인 정보를 수집해요.

    예를 들어 빨간 사과 사진을 보고 바로 떠오르는 것을 말해 보라고 하면 '빨갛다', '새콤달콤', '아삭아삭' 같은 느낌 위주로 이야기를 해요. 감각과 연결된 사실적인 정보를 주로 말하지요. 이러한 정보는 보통 경험과 상식을 따르는 게 많아요. 감각형은 꼼꼼하고 철저하게 정보를 수집하고, 단계에 따라 하나씩 처리하지요.

직관형 N의 특징

직관형이 정보를 수집하는 방식은 나무 하나하나를 꼼꼼하게 살피지는 않지만 숲 전체를 보는 것에 비유할 수 있어요. 직관형은 미래나 보이지 않는 가능성 또는 새로운 상상에 관심을 기울입니다. 기존에 해 오던 방식을 지키기보다는 자신만의 생각을 새롭게 만들어 내는 것을 좋아해요.

    예를 들어 빨간 사과 사진을 보고 '백설공주', '원숭이 엉덩이', '할아버지가 보내 주신 사과 한 박스' 같은 이야기를 하지요. 사과가 자신에게 갖는 의미, 사과를 보고 떠오르는 다른 사물이나 소재에 관심을 기울이는 것이죠.

미끄러울 때 유형

S 감각형

#사실과경험 #구체적인정보수집

N 직관형

#미래와가능성 #상상하며정보수집

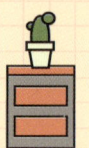

세 번째 이니셜 T & F

판단을 내리는 기준

성격 유형의 세 번째 자리 이니셜은 결정하거나 판단을 내리는 기준에 따라 구분돼요. 객관적인 사실에 따라 결정하는 것은 사고형 T, 사람들과의 관계나 조화로움을 위한 결정을 하는 것이 감정형 F입니다.

사고형 T의 특징

사고형의 관심 주제는 뜨거운 가슴보다는 차가운 머리, 즉 객관적인 진실입니다. 옳고 그름, 원인에 따른 결과 등이 원리와 원칙대로 공정하게 진행되는지가 사고형의 시선이랍니다. 중요한 것의 판단 기준이에요. 내가 뭔가를 선택하거나 결정할 때 객관적인 논리와 근거가 중요하죠. 말로 설명할 때도 사실 위주의 설명을 선호합니다.

따라서 친구의 의견이나 어떤 사물을 관찰할 때도 그것에 대한 사실이나 오류를 콕 집어냅니다. 어려운 문제나 갈등이 있는 상황에서는 차분하게 관찰자로서 이 문제의 원인이 무엇이며 어떻게 해결해야 하는지를 잘 제시하지요.

감정형 F의 특징

감정형의 관심 주제는 차가운 머리보다는 뜨거운 가슴, 즉 따뜻한 관계와 조화입니다. 객관적인 옳고 그름보다는 나의 마음에서 좋냐, 나쁘냐가 중요한 기준이 됩니다. 내가 뭔가를 선택하거나 결정할 때 지금 일어난 상황에 집중하죠. 말할 때에도 친구의 기분을 배려해 칭찬이나 감사 등 따뜻하고 친밀한 마음을 아낌없이 표현해요.

따라서 친구의 의견이나 어떤 사물을 관찰할 때도 머리로 분석하기보다는 가슴으로 느끼고, 그것이 나에게 주는 의미를 떠올립니다. 평가보다는 공감을 잘하며, 이러한 공감을 바탕으로 문제나 갈등 상황에서는 감정을 쉽게 이입하여 마치 그 문제의 당사자처럼 반응합니다.

영화 볼 때 유형

T 사고형

#원리원칙 #사실적인판단

F 감정형

#따뜻한마음 #조화로운판단

네 번째 이니셜 J & P

행동하는 방식

성격 유형의 네 번째 자리 이니셜은 일상생활에서 나타나는 나의 행동 방식에 따라 구분됩니다. 뚜렷한 목적 아래서 빠르게 결정하며 행동하는 것은 판단형 J, 느긋하게 과정을 즐기며 경험하는 것은 인식형 P입니다.

판단형 J의 특징

판단형은 일주일 정도 여행을 간다면 목적지를 미리 정하고 여행 계획을 꼼꼼하게 세워 출발하는 편입니다. 판단형은 나의 생활 방식에 대해 계획과 순서를 정하는 것을 좋아합니다. '정리 정돈과 계획파'이죠. 공부나 숙제와 같은 일을 할 때 정확한 마감일을 세우고 계획적으로 하는 편입니다.

예를 들면 오늘은 순서대로 A를 마무리하고, 이번 주는 B를 마무리하고, 다음 주부터 C를 시작해요. 뚜렷한 목표와 방향성을 갖고 행동하는 편이며 자신의 상황을 관리하고 주도하는 것을 편안해 한다고 볼 수 있습니다.

인식형 P의 특징

인식형이 여행을 간다면 목적지를 미리 정하기보다는 그날의 기분에 따라 내키는 대로 발걸음을 옮기는 것을 좋아합니다. 다음 목적지를 생각해 두고 있지 않더라도 그다지 초조해하지 않아요. 현재의 풍경, 음식, 분위기가 마음에 든다면 굳이 다음 목적지에 가지 않기도 해요. '목적 없는 탐험'을 즐기는 유형이죠.

인식형에게 계획이란 그때그때 상황에 따라 얼마든지 바뀔 수 있는 것입니다. 오늘 한 일의 백 퍼센트를 다 마치지 못하고 오십 퍼센트에서 그치더라도 그 과정 자체를 충분히 즐거워합니다. A, B, C 순서대로 하지 않고 B나 C부터 기분에 따라 시작해요.

# 계획이 틀어졌을 때 유형

J 판단형

#목적이분명   #계획적행동

P 인식형

#기분이중요   #즉흥적행동

정화

ISTJ

차분하고 성실한 태도가
빛나고 믿음직스러워요.

하람

ISTP

혼자 놀기의 달인으로
조용히 세상을 관찰해요.

장우

INTJ

사색을 즐기며
매사를 진지하게 탐구해요.

현욱

INTP

좋아하는 것이 분명하고
차분하며 호기심이 많아요.

수현

ISFJ

꼼꼼하고 깔끔한 완벽주의자이면서
배려심이 많아요.

하영

ISFP

조용하면서도 예술적 끼가 많아
주변에 좋은 영향을 줘요.

선미

INFJ

상상력이 풍부하고 섬세하며
사람들에게 다정해요.

태우

INFP

속이 깊고 따뜻한 몽상가이며
예술적 감각이 돋보여요.

민수
ESTJ
추진력이 강하고 씩씩하며
책임감도 있어 든든해요.

지현
ESTP
재치 있고 시원시원하며
행동력이 뛰어나요.

여진
ENTJ
당당하고 정의로우며
문제를 잘 해결해요.

준혁
ENTP
독창적인 카리스마가 넘치며
자신의 생각이 뚜렷해요.

MBTI 성격 유형으로 진로를 알아봐요.

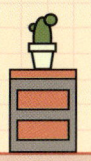

MBTI와 직업

MBTI 성격 유형에 따라서 직업을 선택할 수 있을까요? 우리는 모두 다른 성격 특성과 가능성을 갖고 있어요. 다양한 매체에서 MBTI 유형별 직업을 추천하고 있지만, MBTI 유형이나, 개인의 성격에 따라 어떤 직업이 꼭 맞는다고 말할 수는 없어요. 다만 MBTI를 활용하여 자신의 성격을 살펴보고 '직업 적성'을 생각해 보면, 진로 선택에 도움을 얻을 수 있지요. MBTI를 통해 나의 성격을 이해하고, 내가 좀 더 즐겁고 편안하게 할 수 있는 일을 탐색해 보는 것이랍니다.

각자의 성격 특성에 따라서, 스스로 더 즐겁게 잘할 수 있는 것들도 분명히 있어요. 그렇지만 우리는 무엇이든 할 수 있고 어떤 직업이든 가질 수 있답니다.

진로 선택

산이나 바다, 돌멩이 같은 자연물 외에 우리가 사용하는 연필, 입는 옷, 먹는 음식, 사는 집, 즐겨 보는 영상 등 모든 것은 사람들이 만들어 낸 거예요. 하나의 물건 뒤에 여러 사람의 일이 숨어 있는 것이죠.

사람은 성장하고 살아가면서 자연스럽게 직업을 갖게 돼요. 사람이 살아가는 데 필요한 것들이 있기 때문이에요. 대표적으로 '돈'이 필요하죠. 직업을 가져야 한다면, '자신이 진정으로 원하고 잘할 수 있는 일'을 선택하는 게 더 기쁘지 않을까요?

진로는 내가 미래를 향해 살아가는 과정에서 무엇인가를 계획하고 이루고, 꿈꾸는 모든 과정이라고 할 수 있어요. 직업은 자신의 진로를 이루는 방법 중 한 가지인 거죠. 그런 의미에서 MBTI 성격 특성을 살펴보며, 나의 진로를 탐색해 볼까요?

저는 현욱이가 사람들에게 차분하게 설명하는 모습을 보고 조금 놀랐어요.

I & E 진로 선택

일하는 환경의 차이

성격 유형의 첫 번째 자리 이니셜은 일할 때, '일하는 환경'에 영향을 줘요. 내향형 I는 내 생각과 마음속에 주의를 집중하고, 외향형 E는 나의 주변에서 일어나는 일에 주의를 집중하기 때문이지요.

내향형 I의 일 특징

내향형은 일할 때, 조용히 집중할 수 있는 공간에서 일하는 것을 편안해해요. 말이나 행동을 하기 전에 신중하게 생각하는 과정과 시간이 필요하기 때문이지요. 그래서 시간을 충분히 갖고, 이해한 내용을 바탕으로 일을 실행에 옮기는 것을 더 좋아해요. 따라서 생각을 바로바로 말로 표현하거나 많은 사람과 토론하고 설득해야 하는 상황에서는 긴장하거나 불편함을 느낄 수 있어요.

　이들은 처음에는 적극적이지 않은 것으로 오해받기도 하지만, 신중하게 생각하고 집중하면서 스스로 이해하려고 노력해요. 그래서 일에 몰입하면 적극적이고 책임을 다하는 모습을 보여 줘요.

외향형 E의 일 특징

외향형은 일할 때, 다양한 사람을 만나거나 대화하고 행동할 수 있는 공간에서 일하는 것을 편안해해요. 생각을 글로 적기보다는 행동이나 말로 바로바로 표현하는 것을 더 좋아하지요. 그래서 사무실 같은 공간에서 오래 앉아 있는 것보다 사무실 바깥에서 일하는 것을 더 즐겁게 느끼기도 해요.

　이들은 경험을 통해 일하는 과정을 이해하기 때문에, 말과 행동이 앞서서 신중하지 못하다는 오해를 받기도 해요. 그렇지만 능숙하지 않은 일을 할 때도 도전하려는 모습을 보이며 일할 때 적극적이고 도전적인 모습을 보여 줘요.

선생님, 고민 있어요!

생각 키우기 — 우리는 왜 일할까요?

일은 왜 할까요? 돈을 벌고 훌륭한 사람이 되어야 하기 때문일까요? 일을 한다는 것은 단순히 먹고 산다는 목적 때문은 아니에요. 우리는 일을 하면서 그 과정 속에서 보람도 느끼고, 자신의 전문 분야가 생기면 자신이 쌓은 전문성을 사회에 의미 있게 사용할 수 있게 되기도 해요.

내가 하는 일을 통해 세상이 더 발전하거나, 누군가의 건강이 회복되거나, 사람들에게 도움이 되는 것과 같은 것이죠. 일은 단순히 노동의 의미뿐 아니라 자기다운 모습의 표현, 꿈을 이루는 것이기도 해요.

고민 상담 — 하고 싶은 일이나 이루고 싶은 꿈이 없어요.

답변 어떤 친구는 구체적이고 간절한 꿈이 있지만 나는 그렇지 않다면 왠지 모르게 마음이 조급해지거나, 꿈이 없다는 것을 숨기고 싶은 마음이 들기도 하지요. 그건 부끄럽거나 잘못된 마음이 아니에요. 내가 무엇을 하고 싶은지 고민 중이거나, 어떤 일을 하고 싶은지 선택하기 위해서 신중하게 탐색하고 있는 상황인 거죠.

스스로 미래를 준비해 나가는 건 나의 생각이 단단해지는 데 도움이 돼요. 그러니 자신의 미래를 자주 상상하고, 여러 직업에 나를 대입해 보면 좋겠어요. 그리고 직업이나 꿈을 결정했더라도, 여러 경험을 하면서 꿈이 바뀌어도 괜찮다는 것을 생각해 보면 좋겠어요.

저는 수현이예요. 꿈나무 축제 첫날이 무사히 잘 끝났어요.

오늘 우리 부스를 찾아온 손님이 몇 명이었는지, 재료는 얼마나 사용했는지 확인해 보고 있어요.

내일은 오늘보다 재료를 더 준비해야 할 것 같네.

이런 것을 확인해 보면, 남은 축제 동안 재료가 얼마나 필요한지 예상할 수 있거든요.

이 애는 제 친구 여진이예요.

여진아, 정리는 다 끝났어?

아직!
얼른 정리해야 집에 가지~
사람들이 슬라임 만들기를 재미있게 했을지 궁금해서, 나도 만들어 보고 있었어.

여진이와 대화하다 보면 가끔 신기해요.

가끔 뜬구름 잡는 것 같은 이야기를 한달까요?
너는 어떤 슬라임 만드는 걸 좋아해?
어, 어?
나만의 슬라임 만들기

글쎄. 그냥 있는 재료로 만드는 것 같아.
응?
그게 뭐야!
뭐가 재있는 거야?

'지금 그게 왜 궁금하지?' 그런 생각이 드는 거예요.
그래서 무슨 생각을 하는지 잘 모르겠을 때가 있어요.

저는 상상을 많이 하는 편이고, 수현이는 현실적으로 도움을 많이 줘요.

서로 다른 생각을 나누면, 언제나 더 멋진 결과가 나오는 것 같아요!

친구들과 함께 어떻게 일할 수 있는지 알게 되어서 신기하고 재미있었어요!

S & N 진로 선택

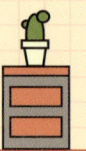

일하는 환경의 차이

성격 유형의 두 번째 자리 이니셜은 일할 때, '일하는 방식'에 영향을 줘요. 감각형 S는 눈에 보이는 것을 정확하고 꼼꼼하게 바라보고, 직관형 N은 눈에 보이지 않는 가능성을 상상하며 바라보기 때문이지요.

감각형 S의 일 특징

감각형은 일할 때, 현재 내 앞에 놓인 일을 하나씩 해 나가요. 그리고 창의적인 방식보다는 원래 있던 규칙과 순서, 방법을 지키고 따르며 순서대로 일하는 것을 편안해하지요.

이들은 일의 양과 내용을 먼저 파악하고, 일하는 데 필요한 시간을 신경 쓰며 전체적인 일을 파악하는 것에 안정감을 느껴요. 큰 맥락을 신경 쓰기보다는 진행하고 있는 일을 꼼꼼하게 확인하지요. 그래서 다양한 변화가 생기는 상황을 마주하면 스트레스를 받을 수 있어요. 실수하지 않고 정확하게 일하는 것을 중요하게 생각하기 때문에 시작과 마무리가 뚜렷하게 구분되는 일을 좋아해요.

직관형 N의 일 특징

직관형은 일할 때, 앞으로 일어날 수 있는 가능성이나 의미를 생각하며 새로운 방법을 떠올리며 창의적으로 일하는 것을 편안해해요. 따라서 원래 있던 규칙과 순서, 방법을 그대로 반복하는 것보다는 새로운 아이디어를 내며 기획하는 것을 좋아하지요.

이들은 노동의 의미로써 일을 단순하게 바라보지 않고, 일을 통해 생기는 가치를 중요하게 생각하며 큰 그림을 그려요. 또한 복잡한 상황에 대한 이해가 빠르고, 열정과 에너지를 가지고 몰입하며 일하는 것을 잘해요. 일을 통해 자신의 생각을 창의적으로 표현하기도 하기 때문에 독창적인 생각을 발휘할 수 있는 일을 좋아해요.

선생님, 고민 있어요!

   살아가는 데 꼭 필요한 것

'한 명의 아이를 키우기 위해서는 온 마을이 필요하다.'는 말이 있어요. 우리는 학교, 식당, 병원 등의 각종 시설에서 일하며 서비스나 상품을 제공하는 사람, 그리고 서로 도울 수 있는 이웃처럼 수많은 사람의 일과 마음을 받으며 살아간다는 의미이지요.

  몸이 아파서 병원에 가서 진료를 받고 약을 먹었다고 상상해 볼까요? 병을 진찰해 주는 의사 선생님의 일이 눈에 띄지만, 약을 만드는 사람들, 약을 준 약사 등 많은 사람의 '일'이 작은 사물이나 행동에 숨어 있어요. 이렇듯 내가 할 수 없는 일을 누군가가 대신 해 주는 것이 꼭 필요하지요. 그래서 우리는 사회적으로 약속한 '돈'을 지불하며 감사함을 표현하고 필요한 도움을 받는 것이랍니다.

   돈을 많이 버는 직업이 좋은 직업인가요?

  답변   사람들에게 인정받거나, 돈을 많이 벌어야 좋은 직업일까요? 좋은 직업의 기준은 사람마다 매우 다양해요. 그래서 어떤 직업이 가장 좋은 직업이라고 말하기는 어려워요. 특히, 돈을 많이 번다고 해서 꼭 좋은 직업이라고 할 수는 없어요. 왜냐하면 직업을 통해 각자 이루고자 하는 것이 다르기 때문이에요.

  어떤 사람은 사람들이 건강하기를 바라며 일하고, 어떤 사람은 자신의 안정적인 생활을 위해 돈을 벌기 위해서 일하는 사람도 있으니까요. 또 어떤 경우에는 자신의 예술적 상상을 마음껏 표현하기 위해 일하기도 하지요. 그렇기에 '돈을 많이 버는 것'에만 가치를 두고 좋은 직업과 좋지 않은 직업을 나누는 것보다는 내가 생각하는 좋은 직업의 의미에 대해 탐색하기를 권하고 싶어요.

3장 세 번째 이니셜

T — ENTP · 준혁
F — INFP · 태우

안녕하세요! 저는 준혁이예요.

꿈나무 축제에서 저희 조는 와플을 준비해서 판매하게 되었어요.

구운 와플에 생크림을 뿌리고, 딸기를 얹으면 완성!

아자!

판매 부스를 직접 운영하는 건 처음이라서 잘해 보고 싶어요!

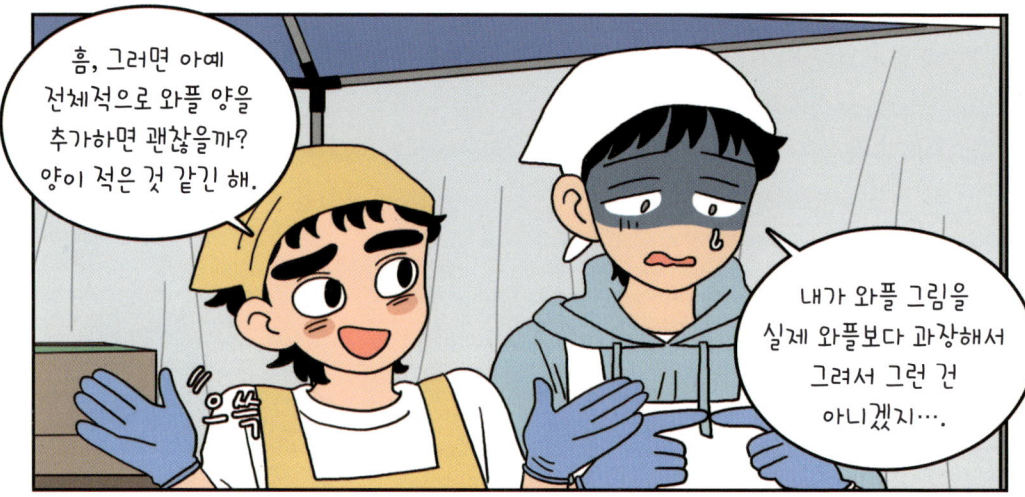

T & F 진로 선택

| 결정하는 방식의 차이 | 성격 유형의 세 번째 자리 이니셜은 일할 때, '결정하는 방식'에 영향을 줘요. 사고형 T는 사실에 따라 옳고 그름, 원칙대로 결정하고, 감정형 F은 객관적인 사실보다는 나와 주변 사람들의 마음을 기준으로 결정하기 때문이지요. |

| 사고형 T의 일 특징 | 사고형은 일할 때, 논리적으로 분석하며 목표를 달성하는 것을 중요하게 생각해요. 그래서 결정을 할 때, 감정을 섞지 않고 합리적인 이유를 가지고 판단하는 편이에요.
　이들은 근거와 논리를 정확하게 파악하며 소통하는 일을 좋아해요. 또한 의지가 강하고 감정에 쉽게 흔들리지 않기 때문에 효율적으로 일한다는 인상을 주지요. 이러한 특성 때문에 의도하지는 않았지만, 함께 일하는 동료에게 문제점이나 자신의 생각을 직접적으로 말해서 감정을 상하게 할 때도 있어요. |

| 감정형 F의 일 특징 | 감정형은 일할 때, 일하는 사람의 마음과 관계를 일의 목표를 달성하는 것만큼 중요하게 여겨요. 그래서 결정을 내릴 때 사람과의 관계가 조화로운지에 따라서 영향을 받는 편이에요.
　이들은 곤란한 상황에 놓인 동료를 도와주며 조화롭게 소통하는 일을 좋아해요. 사람들의 사정을 배려하며 일을 진행하기 때문에 결정을 내릴 때 혼란스러워하기도 하죠. 그렇지만 따뜻한 말과 행동을 나누며 사람들을 응원해서, 좋은 분위기를 만든다는 인상을 주기도 해요. 하지만 문제점이나 자신의 생각을 직접적으로 드러내는 일에는 어려움을 겪을 수도 있어요. |

선생님, 고민 있어요!

 **좋아하는 일 VS 잘하는 일**

직업과 관련된 일은 언제나 내가 하고 싶은 대로 할 수 없고, 힘을 들여서 억지로 해야 할 때도 있어요. 그래서 내가 좋아하는 일이라도 즐거움보다 부담감이나 스트레스가 커질 수 있지요. 만약 내가 좋아하는 일이 아니라 잘하는 일을 직업으로 삼게 된다면, 좋아하는 일은 좋아하는 그대로 즐길 수 있겠죠. 하지만 어떤 일이든 처음부터 능숙하게 잘하는 사람은 별로 없어요.

결론은 '좋아하는 일'과 '잘하는 일' 모두 도전할 수 있답니다. 내가 좋아하는 일은 잘하게 될 수 있고, 잘하는 일은 좋아하게 될 수 있지요. 중요한 건 내가 목표하는 것을 이루기 위해서 힘들어도 도전하며 즐겁게 하려는 마음이랍니다.

고민상담 **학교생활도 어려운데 직업을 가질 수 있을까요?**

 학교생활에 어려움을 겪고 있다면, '지금도 힘든데 어른이 되어서 직장 생활을 잘할 수 있을까?' 하고 걱정할 수 있어요. 하지만 학교생활이 어렵다고 해서 커서 직업을 갖고 일하는 것을 미리 겁낼 필요는 없어요. 직업을 갖기까지 아직 많은 시간이 남아 있답니다.

우선 중요한 건 '지금'이에요. 학교생활이 당장 어렵게 느껴지더라도, 조금씩 공동체 생활에 적응하며 익숙해질 수 있어요. 훗날 얼마나 멋지고 유쾌하게 사회생활을 하게 될지는 상상조차 어려울 거예요. 지금 내가 어떤 생활환경을 더 좋아하는지, 그 환경에 맞는 직업은 어떤 것이 있는지 찾아보며 지금에 충실하면 좋겠어요.

4장 네 번째 이니셜

J INTJ · 장우

P ISFP · 하영

안녕하세요. 저는 장우예요.

저희 조는 사흘 동안 정말 열심히 와플을 만들어서 판매하고 있는데요.

우리도 체험 부스를 해야 했나?

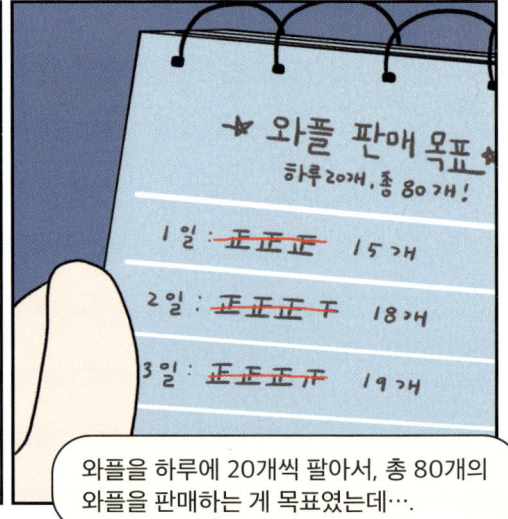

와플을 하루에 20개씩 팔아서, 총 80개의 와플을 판매하는 게 목표였는데….

판매 목표를 달성해서, 장우가 기뻐하는 걸 보니 안심이 됐어요.

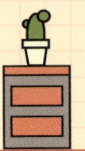

J & P 진로 선택

진로 계획의 차이

성격 유형의 네 번째 자리 이니셜은 일할 때, '계획과 전략'에 영향을 줘요. 판단형 J는 계획적이고 규칙적인 생활과 행동을 하고, 인식형 P는 계획하기보다 느긋하게 과정을 즐기며 행동하기 때문이지요.

판단형 J의 일 특징

판단형은 일할 때, 계획을 세우고 짜임새 있게 해 나가는 걸 편안해해요. 순간적으로 판단하고 행동하는 것보다, 상황을 분석하고 세세하게 전략을 짤 수 있는 일을 좋아하는 편이에요.

이들은 하려는 일의 목적과 목표를 분명하게 정해야 안정감을 느끼곤 해요. 그래서 계획하고 전략을 세우고 나면, 목표를 지키기 위해서 더 적극적으로 도전하는 모습을 보여 줘요. 또한 주변 환경이나 진행되고 있는 상황을 정리하는 것을 좋아하고, 무엇을 결정할 때는 빠르고 분명하게 선택하고 결론을 내요. 그리고 일을 매끄럽고 효율적으로 진행하는 것과 정해진 기한을 지키는 것을 중요하게 생각하지요.

인식형 P의 일 특징

인식형은 일할 때, 그때그때 상황에 맞추어서 유연하게 해 나가는 걸 편안해해요. 정해진 계획이 있어도 더 나은 방향이 있다면 행동을 바꿀 수 있고, 자유롭게 할 수 있는 일을 좋아하는 편이에요.

이들은 촉박한 일정보다는 여유를 가지고 과정을 즐길 때 더욱 능력을 발휘해요. 그래서 다양한 시도와 변화를 반기는 분위기에서 적극적으로 도전하지요. 또한 세운 목표나 방향이 변화해도 크게 당황하지 않고, 때로는 예상 못 한 상황을 만나면 더욱 흥미로워하며 적응하려는 모습을 보여요. 빠르게 결정하고 결론을 내는 것보다 과정을 즐기면서 가장 좋은 결과를 만드는 것을 중요하게 생각하지요.

선생님, 고민 있어요!

   성공이란 무엇일까요?

간혹 어른들은 '열심히 공부해야 나중에 훌륭한 사람이 된다.', '열심히 일해야 성공할 수 있어.'라고 말하곤 해요. 한번 생각해 볼까요? 줄넘기 10번을 하지 못하는 내가 줄넘기 30번에 도전했다고요. 그리고 매일 연습해서 이 목표를 해냈다면 성공한 것 아닌가요? 이렇듯 우리는 모든 일을 할 때, 줄넘기하는 것 같은 도전과 노력을 거치게 돼요. 줄넘기를 30번까지 도전하는 과정을 반복하면, 10번에서 15번까지의 순간을 지나, 20번은 손쉽게 넘어서며 30번이라는 목표를 이룰 수 있지요.

성공이라는 것은 우리가 생각보다 자주 느끼는 것이랍니다. 포기하지 않고 도전하는 노력도 성공의 한 모습이라는 것을 기억하면 좋을 것 같아요.

   꿈을 이루지 못하면 어떡해요?

답변 꿈은 꼭 어떤 직업을 갖게 되는 것만이 아니라, 자신만의 도전 목표, 소망, 즐거움 같은 나만의 것이기도 해요. 내가 갖고 싶은 직업과 나의 소망, 목표를 '꿈'이라고 부르는 건, 우리가 잠자면서 꾸는 꿈처럼 무엇이든 꿀 수 있기 때문인 것 같아요. 꿈속에서처럼 우리는 무엇이든 마음에 품고 도전할 수 있어요. 꿈은 이루어질 수 있는 것이면서 동시에 이루지 않아도 괜찮은 것이랍니다.

내 꿈이 현실로 이루어지기 위해서는 내가 끝없이 노력하고, 현실적으로 좋은 상황을 많이 만나야 해요. 우리가 살면서 꾸는 크고 작은 모든 꿈을 이루는 건 절대 쉽지 않은 일이에요. 가장 중요한 것은 꿈을 다양하고 즐겁게 꾸면서, 그 꿈에 다가가는 경험을 하는 것이랍니다.

5장 _S_J 유형

- 봉사하는 일
- 책임감과 지배력을 갖는 일
- 안정적인 환경
- 가능성과 미래가 선명한 업종

ISTJ 우리는 구체적이고 목표가 정해져 있는 활동이 편해.

ESTJ 책임감을 느끼고 사람들과 목표를 이룰 때 뿌듯해.

ISFJ 노력한 만큼 결과가 분명하게 나오는 일을 원해. 분량이나 규칙이 확실하면 더 좋고.

ESFJ 사람들과 함께 활동하는 일이 좋아. 사람들을 돕는 일을 하면 보람 있을 것 같아.

 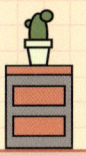

_S_J 진로 선택

안정감이 중요한 _S_J 유형

SJ 유형은 '안정감'을 중요하게 생각해요. 그래서 학교에서는 학생의 책임을 다하려고 노력하는 모범적인 모습을 보여요. 때로는 학교나 집에서 안전과 생활을 위해, 선생님과 부모님의 권위가 필요하다고 생각하지요. 그래서 반항하지 않고 규칙을 잘 지키며 책임감과 성실함을 발휘해요. 친구들, 때로는 선생님까지도 챙기고 보호하는 역할을 해요.

이들은 친구들과의 관계를 질서 있게 지키는 것에 큰 보람을 느끼기 때문에, 혼자서 의견을 결정하고 주장하기보다는 친구들과 한 명씩 의견을 나누고 약속한 것을 지키려고 노력해요. 또한 자신이 경험해 봤던 익숙한 방식으로 규칙과 순서를 따르는 것을 좋아해요.

_S_J 유형을 위한 진로 탐색

SJ 유형은 자신이 직접 경험해 본 일을 직업으로 연결하는 경향이 있어요. 또한 자신이 해 왔던 패턴을 우직하게 반복하고, 누군가의 지도를 따르는 것을 답답하게 느끼지 않는 편이에요. 그래서 일의 과정이 계획적이고 체계적이면서, 상황이나 결과를 예측할 수 있는 직업을 좋아할 가능성이 높아요.

이들은 자신의 능력을 이루어 낼 수 있는 현실적인 진로를 중심으로 생각하고 검토해 볼 만해요. 그리고 진로를 탐색할 때, 현실을 생각하는 것도 중요하지만, '이룰 수 있을까? 어렵지 않을까?' 신경 쓰며 포기하지 말고 자신이 가진 능력보다 조금 더 멀리, 크게 상상해 보고, 관심을 두고 경험하려는 용기를 내면 좋겠어요.

ISTJ / ESTJ

**ISTJ의
일 특징**

ISTJ는 규칙과 질서, 도덕성을 중요하게 생각해요. 맡은 일을 꼼꼼하게 살펴보며 묵묵히 처리해서 주변 사람들에게 신뢰를 주지요. 또한 일의 전체적인 흐름을 파악하고 계획적으로 진행해요. 양심을 지키기 때문에 믿음직스러운 역할을 담당하는 경우가 많아요. 이들은 규칙과 규범을 충실하게 지키려고 하고 책임감이 높아서, 맡은 일을 끝까지 잘 해내곤 해요. 자신의 역할과 계획을 하루하루 충실하게 반복하기 때문에 일의 내용에 변화가 많지 않고, 통계나 수치로 나타나는 일을 조금 더 선호하고 잘 맞는다고 느껴요.

성격 특성과 어울릴 수 있는 직업으로는 회계사, 금융 분야 전문가, 법률가, 통계학자, 감정 평가사, 공무원, 세무사, 의사 등이 있어요.

**ESTJ의
일 특징**

ESTJ는 어디서 어떤 일을 하든지 현실적이고, 체계적으로 계획하고 추진해 나가는 타고난 관리자의 모습을 보여요. 명확한 논리에 따라 문제를 해결하고 처리하기 때문에 함께 일하는 동료들이 든든하고 믿음직스러운 존재로 느끼지요. 주어진 시간과 활용할 수 있는 자원을 효율적으로 잘 사용하는 유능함도 있어요. 빠른 속도로 완벽하게 일하려는 모습을 보이기 때문에 주변에서는 이들을 엄격하다고 느낄 수 있어요. 공감보다는 해결책 중심으로 반응해서 차갑다고 오해하기도 하지요.

성격 특성과 어울릴 수 있는 직업으로 사업가, 행정가, 소방관, 정치인, 회계사, 경찰, 군인 등이 있어요.

ISFJ / ESFJ

ISFJ의 일 특징

ISFJ는 세심하면서도 어떤 일을 이루어 가는 과정에서 좋은 파트너가 되어 주는 조력자 역할을 매우 잘해요. 일에 대해 긍정적인 생각을 하고, 함께 일하는 사람들에게 배려와 친절을 나누기 때문에 쉽게 좋은 인상을 주는 편이에요. 책임감이 강해서 맡은 일을 스스로 해결해야 한다고 생각해서 주변에 도움을 요청하는 것은 어려워하고, 빠른 속도로 일하거나 큰 변화나 도전이 필요한 것은 부담스러워해요. 이들은 타인의 감정을 잘 알아차리고 도움과 보살핌을 제공하는 일에 보람을 느껴요.

성격 특성과 어울릴 수 있는 직업으로는 간호사, 의사, 물리치료사, 도서관 사서, 비서, 사회복지사, 심리 상담사 등이 있어요.

ESFJ의 공부법

ESFJ는 사람들에게 친절하고 따뜻한 태도를 보여요. 현실적이면서도 사람들을 잘 챙기기 때문에 사람들과 좋은 관계를 맺지요. 긍정적인 반응을 잘 표현해서 주변에 에너지를 나누기도 하지요. 이들은 혼자서 일하며 앞서 나가기보다는 비슷한 목표를 사람들과 함께 이루어 가는 일을 선호하고, 팀이 잘 뭉치도록 하는 역할을 편안해해요. 책임감이 강하고 실수하는 것을 두려워하기도 해서, 일을 할 때 갈등이나 논쟁이 생기면 피하려고 하거나, 누군가의 피드백에 신경을 많이 쓰기도 하지요.

성격 특성과 어울릴 수 있는 직업으로는 교사, 종교 지도자, 호텔 지배인, 마케팅 책임자, 여행 컨설턴트, 운동 코치 등이 있어요.

6장 _S_P 유형

- ✅ 목표가 분명한 일
- ✅ 지루하지 않은 환경
- ✅ 간섭받지 않고 자유로운 일
- ✅ 예술적인 끼를 발휘하는 업종

ISTP 우리는 목표가 분명한 일이 편해.

ESTP 늘 새로운 것으로 사람들에게 즐거움을 주면 좋겠어.

ISFP 간섭받지 않고 생각한 것을 자유롭게 표현하고 싶어.

ESFP 예술적인 끼를 인정받으면 재미있고 기쁠 것 같아!

_S_P 진로 선택

자유로움이 중요한 _S_P 유형

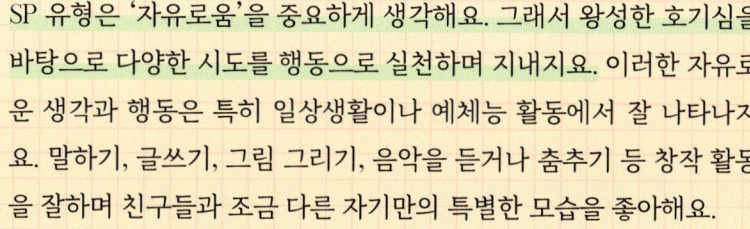

SP 유형은 '자유로움'을 중요하게 생각해요. 그래서 왕성한 호기심을 바탕으로 다양한 시도를 행동으로 실천하며 지내지요. 이러한 자유로운 생각과 행동은 특히 일상생활이나 예체능 활동에서 잘 나타나지요. 말하기, 글쓰기, 그림 그리기, 음악을 듣거나 춤추기 등 창작 활동을 잘하며 친구들과 조금 다른 자기만의 특별한 모습을 좋아해요.

    이들은 주변에서 일어나는 다양한 현상과 사물에 관심이 많으므로 자연을 탐험하고 관찰하는 활동을 흥미로워해요. 모두가 하는 평범한 활동보다는 친구들이 잘 시도하지 않는 체험이나 실험, 개성 있는 것에 관심을 느껴요. 또한 자유롭게 주변을 받아들여서, 상황에 따라서 계획이나 행동을 바꾸는 것을 어려워하지 않아요.

_S_P 유형을 위한 진로 탐색

SP 유형은 호기심을 발휘해서 자유롭게 모험하고 공부할 수 있는 직업을 편안해해요. 그래서 이 유형은 특수하고 다양한 경험을 즐길 수 있는 직업을 갖는 경우가 많아요. 그리고 한 가지를 시작해서 꾸준하게 파고들거나, 온전하게 마무리하는 연습이 필요하기도 해요.

    이들은 '자신의 재능과 관심, 즐거움'을 중심으로 진로를 생각하고 탐색해 볼 만해요. 그리고 진로를 탐색할 때, 관심이 가는 직업을 찾아보고, 찾아 본 직업의 일을 체험하는 활동을 통해서 지금 하는 일이 즐거울지, 힘들지 겪어 보는 것으로 완성하는 경험을 하면 좋겠어요. 또한, 복잡한 일이 무조건 재미없거나 불편한 것이 아닐 수 있다는 것도 꼭 생각해 보세요.

ISTP / ESTP

**ISTP의
일 특징**

ISTP는 자신만의 전문적 기술을 습득하고, 그것을 활용할 수 있는 전문적인 일을 잘해요. 또한 스스로 만족할 수 있는 기준에 도달할 때까지 도전할 수 있는 시간 여유가 있는 것을 편안해해요. 이들은 목표가 분명한 일을 좋아하고, 주변에 간섭받지 않고 혼자서 조용히 집중할 수 있는 업무 환경에서 일할 때 만족감을 느끼지요. 가끔 즉흥적인 모험을 즐기지만, 그 모험은 스스로가 생각한 정도의 도전이나 변화라서, 큰 변화나 효율적이지 않는 도전에는 거부감을 느낄 수 있어요. 또한 새로운 것이 아니면 쉽게 지루해 할 수 있어요.

　성격 특성과 어울릴 수 있는 직업으로는 소프트웨어 개발자, 파일럿, 건축가, 경찰, 응급 구조사, 군인, 포토그래퍼 등이 있어요.

**ESTP의
일 특징**

ESTP는 현실의 상황을 섬세하게 파악하고, 어려운 문제가 발생했을 때에도 유연하게 대응하는 능력을 보여요. 관찰력이 뛰어나서 주변 사람들이 어떤 능력을 가지고 있는지 잘 파악하고 있고, 이를 잘 활용하여 함께 협력하는 조율자 역할에 재능이 있어요. 새로운 경험을 할 수 있는 기회를 스스로 잘 만들고 에너지가 넘쳐 여러 사람과 어울리지요. 실제로 몸을 쓰면서 일하는 과정도 보람을 느끼며, 시행착오를 몸소 경험하면서 자신의 한계를 극복하는 노력도 해요. 누군가에게 자신의 생각을 전달하고, 설득 및 협상하는 데 자신감이 있어요.

　성격 특성과 어울릴 수 있는 직업으로는 토목기사, 삼림 감독관, 운동 선수, 펀드 매니저, 뉴스 기자 등이 있어요.

ISFP / ESFP

ISFP의 일 특징

ISFP는 관심 있는 일에 깊이 몰입하고, 자신의 호기심이나 예술적인 성향을 표현할 수 있는 일을 잘해요. 사람들을 배려하는 따뜻한 감성을 갖고 있기 때문에 다정한 인상을 주는 편이에요. 수줍음이 많은 것처럼 보이지만, 마음이 가는 일을 할 때는 누구보다 적극적으로 참여해요. 또한 사람을 보살피며 현실적으로 도움을 주는 일에 흥미를 느끼지요. 이들은 촘촘하게 계획을 세우거나 경쟁해야 하는 일에 스트레스를 받는 경향이 있어요. 독립적으로 일하는 것을 좋아하면서도 사람과 관련된 일에 보람을 느껴요.

성격 특성과 어울릴 수 있는 직업으로는 사회복지사, 스타일리스트, 패션 디자이너, 사육사, 초등 교사, 보육교사 등이 있어요.

ESFP의 일 특징

ESFP는 활동적이며 사교적인 역할의 일을 편안해해요. 사람들에게 동기를 부여하고, 위험한 상황이나 어려운 일이 생기면 사람들을 안심시키며 문제를 해결하도록 끌어 내는 리더십이 있지요. 또한 현실 감각이 뛰어나고 솔직하게 생각을 표현하면서도, 다른 사람의 마음도 잘 챙기는 편이에요. 새로운 사람이나 환경에서 일하는 단기 프로젝트에서 깊게 몰입하고 능력을 보여 줘요. 또한 직접 고객을 상대하거나, 열정과 에너지를 가진 사람들과 함께 일하는 것을 좋아하지요.

성격 특성과 어울릴 수 있는 직업으로는 초등학교 교사, 사진작가, 홍보 전문가, 행사 진행자 등이 있어요.

7장 _NF_ 유형

- ✅ 의미와 가치가 있는 일
- ✅ 남을 돕는 일
- ✅ 긴장감 없이 서로 돕는 환경
- ✅ 창의적인 의견을 내는 업종

INFJ 우리는 일하면서 스스로의 가치를 느끼고 싶어.

ENFJ 사람들이나 사회에 도움이 되고 싶어.

INFP 편안하고 행복한 분위기에서 내 생각을 흥미롭게 표현하고 싶어.

ENFP 내가 나서는 것보다 누군가의 생각에 도움을 주는 것도 좋아.

_NF_ 진로 선택

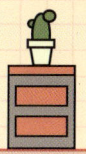

꿈을 이루는 게 중요한 _NF_ 유형

NF 유형은 '꿈 이루기'를 중요하게 생각해요. 아름다운 꿈을 꾸듯 세상을 바라보며, 자신의 특별한 생각과 감정, 시간을 아낌없이 사용해서 사람을 돕는 따뜻한 모습을 보이지요. 또한 새로운 것에 호기심이 많으며, 상상을 펼치는 것을 좋아해요. 그래서 마음을 자극하고 풍부하게 하는 문학, 역사, 미술 같은 과목에 관심이 많아요.

이들은 사람들과 좋은 관계를 맺고 평화롭게 지내는 것을 중요하게 여겨요. 그래서 주변 사람들의 말을 잘 들어 주고, 감정을 이해하며 도우려고 노력해요. 학교에서는 소외되는 친구가 없는지 살피고, 세상에 좋은 영향을 주는 방향으로 따뜻한 말을 건네며 행동하지요.

_NF_ 유형을 위한 진로 탐색

NF 유형은 창의적인 상상력이나 생각을 표현하면서 사람들에게 도움을 주는 일을 할 때 보람과 즐거움을 느껴요. 단기간에 무엇을 이루는 것보다는 끈기를 가지고 장기적인 목표를 의미 있게 이루려는 모습을 보이지요.

이들은 미래를 꿈꾸는 것에 열중해서 현재 당장 해야 하는 소소하고 작은 일을 놓치는 경우가 있어요. 그래서 진로를 탐색할 때, 당장 필요한 현실적인 능력이 무엇인지 살펴보고 계획을 세우면 좋겠어요. 또한 사람들이 목표를 달성하기 위해 경쟁하거나 성취하는 것은 건강하고 자연스러운 현상이에요. 모두 공평하게 좋은 결과를 얻는 것도 좋지만 다른 사람들보다 자신을 먼저 기쁘게 하는 것도 중요한 선물이라는 것도 기억해 보세요.

INFJ / ENFJ

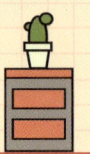

INFJ의 일 특징

INFJ는 눈치가 빠르고 창의력을 발휘하며 혼자서 일하는 것을 편안해해요. 일을 하면서 어떤 문제가 발생했을 때, 다양한 해결책을 생각해 내지요. 또한 일의 상황이나 사람들의 감정과 의도를 파악하는 통찰력이 뛰어나요. 이들은 새로운 아이디어를 내며 혼자 일하는 환경을 좋아하지만, 너무 자유로운 것보다는 적절히 질서가 있는 환경을 편안해해요. 또한 공동의 이익을 중요시하기 때문에, 서로 배려하는 조화로운 분위기를 좋아하지요. 사람들에게 자신의 역할이 도움이 된다고 느낄 때 보람과 즐거움을 느낄 수 있어요.

성격 특성과 어울릴 수 있는 직업으로는 디자이너, 심리상담사, 심리학자, 프로젝트 기획자 등이 있어요.

ENFJ의 일 특징

ENFJ는 능력을 인정받으며 성장할 수 있는 일을 할 때 즐거움을 느껴요. 그리고 한꺼번에 진행하는 일도 복잡하게 생각하지 않고 매우 흥미롭게 할 수 있어요. 다양한 사람들과 관계를 맺으면서 이끄는 역할을 할 때 더욱 능력을 발휘하지요. 이들은 문제가 생겼을 때 도움이 되는 해결책을 내고 스스로 만족해요. 또한 말을 조리 있게 잘하고 리더십이 있어서 팀을 관리하는 것에도 흥미를 느껴요. 자신이 하는 일이 누군가에게 도움이 된다는 것을 느끼고 보는 것을 중요한 가치로 느끼며, 체계적으로 일하는 것을 편안해하지요.

성격 특성과 어울릴 수 있는 직업으로는 선생님, 홍보 전문가, 물리치료사, 프로듀서, 연예인 등이 있어요.

INFP / ENFP

INFP의 일 특징

INFP는 자신의 감수성과 창작 능력을 마음껏 펼칠 수 있고, 아이디어를 인정받는 일을 할 때 즐거움과 보람을 느껴요. 빠르게 결정하기보다는 상황과 사람, 일의 가치 등 여러 가지를 깊이 생각하며 천천히 판단하는 일을 편안해하지요. 이들은 재택근무처럼 혼자서 자유롭게 독립된 공간에서 일하는 것을 좋아해요. 또한 불의를 참지 않고 사람들을 위해 목소리를 내는 모습을 보여요. 일을 통해서 자신의 가치를 느끼는 편이며, 당장 성과를 내는 일보다는 여유로운 상황에서 능력을 잘 보여주고 인정받는 편이에요.

성격 특성과 어울릴 수 있는 직업으로는 작가, 화가, 작곡가, 사회복지사, 미술치료사, 헤드헌터 등이 있어요.

ENFP의 일 특징

ENFP는 활력이 넘치고 열정이 큰 만큼 다양한 도전을 경험하기를 좋아해요. 자신이 낸 아이디어가 현실로 이루어지고 그것을 현장에서 목격할 수 있는 일을 편안해하지요. 최소한의 규칙이 있는 상황에서 여러 사람과 함께 자유롭게 소통하고 협력하는 프로젝트를 좋아하고 적응을 잘해요. 이들은 자신이 노력한 결과에 대해서 보상이 따르는 것을 하나의 즐거움으로 느껴요. 또한 일하는 과정 자체에서 재미를 느끼는 것을 중요하게 생각하며, 모험을 즐기는 경향이 있어요. 기존에 없는 새로운 것을 창조해 내는 것에 가치를 느끼는 편이에요.

성격 특성과 어울릴 수 있는 직업으로는 예술 감독, 저널리스트, 카피라이터, 상품 기획자, 컨설턴트, 강사 등이 있어요.

8장 _NT_ 유형

- 흥미를 자극하는 일
- 집중하고 파고들 수 있는 일
- 호기심이 생기는 환경
- 목표를 이루는 리더십이 필요한 업종

INTJ 우리는 호기심을 갖고 정보나 사람을 분석하는 게 편해.

ENTJ 문제를 해결하면서 목표를 달성하면 좋겠어.

INTP 집중하고 파고들 수 있는 환경에서 일하고 싶어.

ENTP 의견이나 행동으로 사람들을 이끌면 뿌듯할 것 같아.

_NT_ 공부법

아는 게 중요한 _NT_ 유형

NT 유형은 '아는 것'을 중요하게 생각해요. 얕게 다방면을 아는 것이든, 깊이 있게 몇 가지 분야를 아는 것이든, 뭔가를 알고자 하는 모습을 보이지요. 머릿속에 '왜?'라는 물음이 항상 떠다니는 편이에요. 그래서 공부할 때도 더 완벽하게 이론을 이해하고 싶어서 조사하고 탐구하며 분석하는 것을 어려워하지 않아요.

이들은 눈에 보이는 것 그대로의 내용보다는 그 이상의 깊은 원리와 이론을 알고자 해요. 또한 친구들과 사물이나 현상의 원리 등 지식과 아이디어를 탐구하는 대화를 원해요. 그래서 주변에서는 이들이 잘난 체한다고 오해하기도 하지요. 또한 친구들과 지식을 나누기 어려워서 혼자 지내는 경향이 있어요.

_NT_ 유형을 위한 진로 탐색

NT 유형은 합리적이고 논리적이며 자기 생각을 지킬 수 있는 직업을 편안해해요. 그래서 전략을 세우거나 냉철한 리더십을 발휘하는 일을 좋아하지요. 그리고 확고한 신념이 있어서, 사람들과 의견을 조율하는 것에 어려움을 느낄 수도 있어요.

이들은 추진력이 뛰어나고 논리적인 것을 중요하게 생각해요. 따라서 진로를 탐색할 때, '가슴이 설레는 일', '그냥 하고 싶은 일'처럼 명확한 답이 없는 생각도 유연하게 받아들이면 좋겠어요. 능력과 가치관을 논리적으로 발휘하는 분야의 진로 탐색도 좋지만, 자신의 만족감이나 자연스러운 호기심이 생기는 분야도 탐색해 보고, 사람들의 조언을 받아들이면서 내 생각을 조금 유연하게 바꾸는 것도 필요해요.

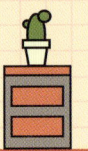

INTJ / ENTJ

INTJ의 일 특징

INTJ는 일을 결정하고 실행하는 권한이 주어지는 것을 좋아하며, 전략을 세워서 진행하는 것을 편안해해요. 전문성을 갖춘 소수의 동료와 깊이 있고 치열한 토론을 하면서 풍부한 지식을 통해 일을 수행하는 것에 자부심을 느끼는 편이지요. 이들은 정해진 방법을 따르는 일에는 흥미를 느끼지 못하는 경향이 있어요. 또한 소소한 감정에 흔들리지 않으며, 자신만의 합리적인 근거를 기준으로 냉철하게 결정해요. 그래서 함께 일하는 동료에게 너무 냉정하거나 단정적이라는 느낌을 줄 수 있어요.

성격 특성과 어울릴 수 있는 직업으로는 건축가, 경영 분석가, 과학자, 수학자, 프로그래머, 연구원 등이 있어요.

ENTJ의 일 특징

ENTJ는 상상력이 풍부하고 강한 의지를 당찬 행동으로 보여 주는 전형적인 리더의 특성을 가지고 있어요. 따라서 사람을 이끄는 것을 어려워하지 않으며, 프로젝트를 책임지고 사람을 관리하는 일을 잘하지요. 이들은 장기적인 계획을 세우고 문제를 창조적이면서 논리적으로 해결하는 방법을 생각해 내요. 또한 자기 능력을 발전시키거나, 사람들과 함께 성장할 수 있는 일에 더욱 흥미를 느껴요. 지적 호기심을 자극하거나 다양한 사람들과 만나는 일을 좋아하며, 카리스마를 표현하고 자신감이 필요한 역할에 잘 적응해요.

성격 특성과 어울릴 수 있는 직업으로는 임원, 경력 분석가, 마케팅 책임자, 헤드헌터, 변호사, 판사 등이 있어요.

INTP / ENTP

INTP의 일 특징

INTP는 새로운 것을 분석하고 창조적으로 일하는 분야에 재능을 보여요. 앞으로 일어날 일을 예측하고 문제를 해결하는 것을 좋아하며, 지적 호기심을 활용하는 일에 잘 적응하지요. 특히 연구 분야에서 능력을 발휘하는 편이에요. 이들은 과정에서 필요한 이론, 창의성, 논리에 더욱 관심을 두기 때문에 업무의 완결보다는 진행되는 일의 완벽함이나 가치에 대해 끝없이 탐구해요. 그래서 필요한 선택과 결정을 잘하지만, 마무리는 신경 쓰지 않기도 하지요. 하지만 끈질기게 분석하기 때문에 중요한 이론적 원리를 찾아내는 데 크게 이바지하기도 해요.

성격 특성과 어울릴 수 있는 직업으로는 개발자, 프로그래머, 외과 의사, 연구원, 교사 등이 있어요.

ENTP의 일 특징

ENTP는 창조적이면서도 혁신적인 것을 만들어 내는 일을 좋아해요. 정해진 순서나 방법을 따를 수는 있지만, 스스로 개척하고 다양한 상황을 경험하는 것을 즐기지요. 또한 호기심을 아이디어로 표현하는 시도를 좋아하는 편이에요. 이들은 다채로운 활동을 할 때 즐거움을 느끼며 적극적으로 행동해요. 다양한 사람들과 교류하는 것을 어려워하지 않으나, 존경할 만한 사람과 함께하는 일을 할 때 기대하며 따르곤 해요. 그리고 꾸준히 노력해야 하는 일에서는 집중력이 흐려지는 모습을 보이기도 해요.

성격 특성과 어울릴 수 있는 직업으로는 정치 평론가, 제작 관리자, 벤처 사업가, 영화감독, 전략 기획자 등이 있어요.

에필로그
꿈꾸는 우리들

앞으로도 미래의 내 모습을 그려 보면서, 마음껏 꿈꾸길 바라요!

꿈과 진로가 더 분명해지는 것 같아.

나는 아직 먼 미래의 일처럼 느껴지지만 도움이 많이 됐어.

우리가 꿈꾸고 생각하는 대로 다 이루어지면 좋겠다!

넌 이루고 싶은 꿈 있어?

복권 당첨?!

다들 모여 봐요~ 단체 사진 찍어 줄게요!

🍀 다음 시리즈 🍀
우리들의 사춘기

나의 몸과 마음을 이해하고
더 멋진 내가 되는
〈우리들의 사춘기〉
시리즈 (전 3권)

글 배정원·전판교 | 그림 소윤

COMING SOON

INTP ENTJ ENTP INTJ ISTP ESTJ ISFP IN

MBTI 돋보기

책을 다 읽었다면 **MBTI 성격 유형별 진로**와 **유형별 특징**을 살펴봐요.
친구나 부모님과 함께 서로의 MBTI를 찾아보고 이야기 나누면 더욱 좋아요!

내 인생을 위한 열 가지 주문

1. 스스로 생각하며 인생의 의미를 정하자
누군가 조언하는 내용은 참고는 하되 그대로 따르지 말고, 스스로 생각하며 결정해요. 인생의 주인공은 '나'예요.

2. 자신의 속도로 원하는 걸 하자
'남들보다 너무 늦는 거 아닐까?' 생각하며 다른 사람과 나를 비교하지 말고, 자신의 속도로 원하는 걸 해 나가요.

3. 내 인생은 내가 만든다
인생에 정답은 없어요. 남이 내 인생을 대신 살아 주지 않는다는 걸 기억하세요. 내 인생은 내가 만들어 나가요.

4. 무리해서 괜찮은 척하지 말자
힘들 때는 남들의 시선에 신경 쓰지 말고, 주변에 도움을 요청해요. 약한 모습을 보이는 건 부끄러운 일이 아니에요.

5. 어쩔 수 없는 일은 받아들이자
살다 보면 내가 어떻게 할 수 없는 어려움을 겪을 때도 있어요. 당장 받아들이기 어려워도 괜찮아요. 조금씩 기운 내며 살아요.

6. 내가 누리는 것들에 감사하자

지금 내가 누리는 것들은 누군가의 도움 덕분에 누리고 있는 것이에요.
부족하게 느껴지는 것이 있더라도 소중하게 생각해요.

7. 자기 자신을 믿고 일단 해 보자

나에게는 무한한 가능성이 있어요. 해 보지 않고 후회하기보다는
일단 해 보세요. 분명 의미 있는 경험이 될 거예요.

8. 자신감을 갖고 나를 사랑하자

나를 아끼고 사랑해 주세요. 근거 없는 자신감이라도 좋아요.
자신감을 가지면 힘낼 수 있어요.

9. 평가에 연연하지 말자

어떤 일이든 다 잘할 필요는 없어요. 내가 못하는 것만 보지 말고,
내가 좋아하는 것, 잘하고 싶은 것에 몰두해요.

10. 서로 도우며 살자

모든 것을 혼자서 하려고 하지 말고,
도움이 필요한 건 도움을 받고 나도 다른 사람을 도와줘요.

#책임감이빛남 #약속을잘지켜 #꼼꼼한사람 #계획하고싶어

ISTJ 정화

진로 포인트
- 꼼꼼하게 반복하는 일
- 계획을 세우는 일
- 통계나 수치를 활용하는 일

 규칙과 질서, 도덕성을 중요하게 생각해요.

 꼼꼼하고 묵묵히 맡은 일을 해서 주변 사람들에게 신뢰를 줘요.

 일의 전체적인 흐름을 파악하고 계획적으로 진행해요.

 마음속에 '오늘 하려고 한 일'을 늘 품고 있어요.

 변화가 많지 않고 통계나 수치로 나타나는 일을 좋아해요.

 자신의 역할과 계획을 하루하루 충실하게 반복하며 일해요.

 충분히 준비된 상태에서 일하고 싶어해요.

성격 특성과 어울릴 수 있는 직업으로는 회계사, 금융 분야 전문가, 법률가, 통계학자, 감정 평가사, 공무원, 세무사, 의사 등이 있어요.

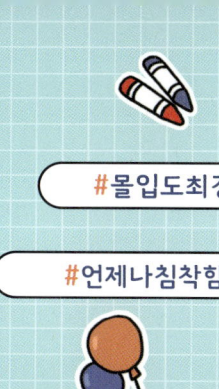

#몰입도최강

#언제나침착함

#자유로운영혼

#섬세함의끝

ISTP  하람

진로 포인트
▶ 전문성이 필요한 일
▶ 시간적 여유가 있는 일
▶ 목표가 분명한 일

- ✓ 전문적 기술을 습득하고, 그것을 활용하는 일을 잘해요.
- ✓ 혼자서 조용히 집중할 수 있는 환경을 좋아해요.
- ✓ 주변의 간섭을 받는 것을 싫어하고 가끔 즉흥적인 모험을 즐겨요.
- ✓ 큰 변화나 효율적이지 않은 도전에는 거부감을 느낄 수 있어요.
- ✓ 현실적이고 사실적인 내용을 단계적으로 정리하며 일해요.
- ✓ 표나 그래프 같은 사실적인 자료가 있으면 흥미를 느껴요.
- ✓ 집중력이 뛰어나고 효율적으로 생각하며 대상을 관찰해요.

성격 특성과 어울릴 수 있는 직업으로는 소프트웨어 개발자, 파일럿, 건축가, 경찰, 응급 구조사, 군인, 포토그래퍼 등이 있어요.

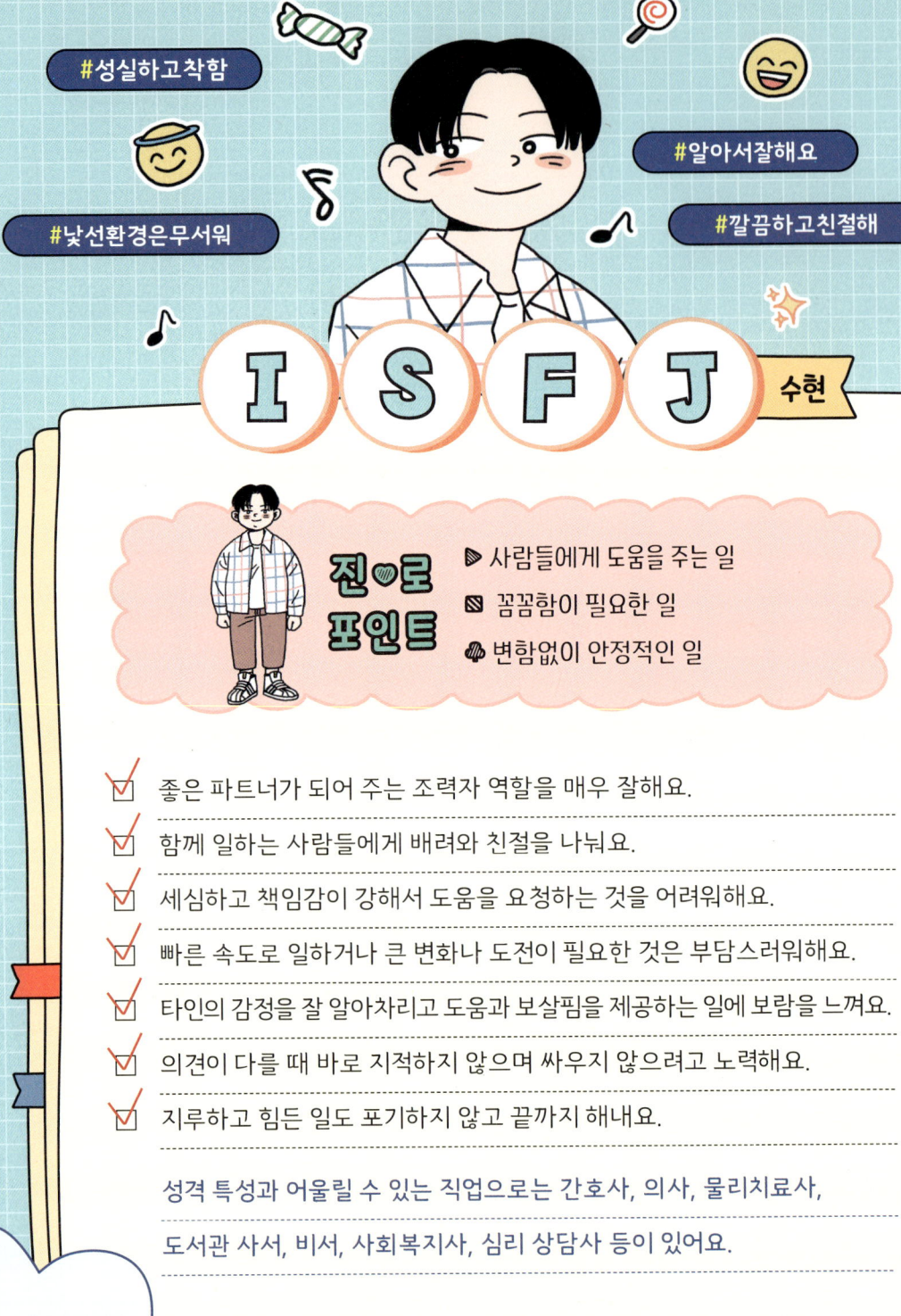

#따뜻한마음
#반전매력충만
#조용하고감각적
#싫은소리못함

I S F P 하영

진로 포인트
▷ 예술적으로 표현할 수 있는 일
▷ 깊이 몰입하는 일
▷ 사람에게 현실적인 도움을 주는 일

☑ 자신의 호기심이나 예술적인 성향을 표현하는 것을 잘해요.
☑ 사람들을 배려하는 따뜻한 감성을 갖고 있어요.
☑ 동료를 세심하게 챙겨서 다정한 인상을 줘요.
☑ 마음이 가는 일을 할 때는 누구보다 적극적으로 참여해요.
☑ 촘촘하게 계획을 세우거나 경쟁해야 하는 일을 부담스러워해요.
☑ 스스로 생각하고 독립적으로 일하는 것을 좋아해요.
☑ 주변 환경이 바뀌거나 예상치 못한 일이 생겨도 조바심 내지 않아요.

성격 특성과 어울릴 수 있는 직업으로는 사회복지사, 스타일리스트, 패션 디자이너, 사육사, 초등 교사, 보육 교사 등이 있어요.

#간섭받기싫어

#냉정한판단

#비범한호기심

#합리적인결정

INTJ 장우

진로 포인트

▶ 합리적으로 결정하는 일
▶ 권한이 주어지는 일
▶ 풍부한 지식이 필요한 일

 일을 결정하고 실행하는 권한이 주어지는 것을 좋아해요.

 전략을 세워서 진행하는 것을 편안해해요.

 전문성을 갖춘 소수의 동료와 지식을 나누는 것에 자부심을 느껴요.

 정해진 방법을 따르는 일에는 흥미를 느끼지 못해요.

 감정에 흔들리지 않고 자신만의 합리적인 근거를 기준으로 결정해요.

 무뚝뚝한 표현으로 냉정하거나 단정적이라는 느낌을 주고는 해요.

 알고 있는 지식이나 새로 알게 된 것을 확인하는 것을 좋아해요.

성격 특성과 어울릴 수 있는 직업으로는 건축가, 경영 분석가, 과학자, 수학자, 프로그래머, 연구원 등이 있어요.

#자발적아싸
#집요하게공부함
#공감능력낮음
#호기심천국

INTP 현욱

진로 포인트
▷ 분석하고 연구하는 일
▷ 혼자서 하는 일
▷ 완벽함이 필요한 일

- ✓ 새로운 것을 분석하고 창조적으로 일하는 분야에 재능이 있어요.
- ✓ 앞으로 일어날 일을 예측하고 문제를 해결하는 것을 좋아해요.
- ✓ 지적 호기심을 활용하는 일에 잘 적응하며 관심사를 집요하게 공부해요.
- ✓ 독립적인 업무 공간에서 자율적으로 일하는 것을 편안해해요.
- ✓ 진행되는 일의 완벽함이나 가치에 대해 끝없이 탐구해요.
- ✓ 필요한 선택과 결정을 잘하지만, 마무리는 신경 쓰지 않는 편이에요.
- ✓ 끈질기게 분석을 잘해서 중요한 이론이나 원리를 잘 찾아내요..

성격 특성과 어울릴 수 있는 직업으로는 개발자, 프로그래머, 외과 의사, 연구원, 교사 등이 있어요.

#눈치가빠름 #섬세하고따뜻함 #걱정인형 #다정한사람

I N F J 선미

진로 포인트
- 창의력을 발휘하는 일
- 새로운 아이디어를 내는 일
- 사람들에게 도움을 주는 일

 감정이 풍부하고 뭐든지 깊이 생각해요.

 창의력을 발휘하며 혼자서 일하는 것을 편안해요.

 사람들의 감정과 의도를 파악하는 통찰력이 뛰어나요.

 너무 자유로운 것보다는 적절히 질서가 있는 환경을 편안해요.

 감정의 변화나 사람과의 관계가 일에 영향을 주는 편이에요.

 서로 배려하는 조화로운 분위기를 좋아해요.

 사람들에게 자신의 역할이 도움이 된다고 느낄 때 보람과 즐거움을 느껴요.

성격 특성과 어울릴 수 있는 직업으로는 디자이너, 심리상담사, 심리학자, 프로젝트 기획자 등이 있어요.

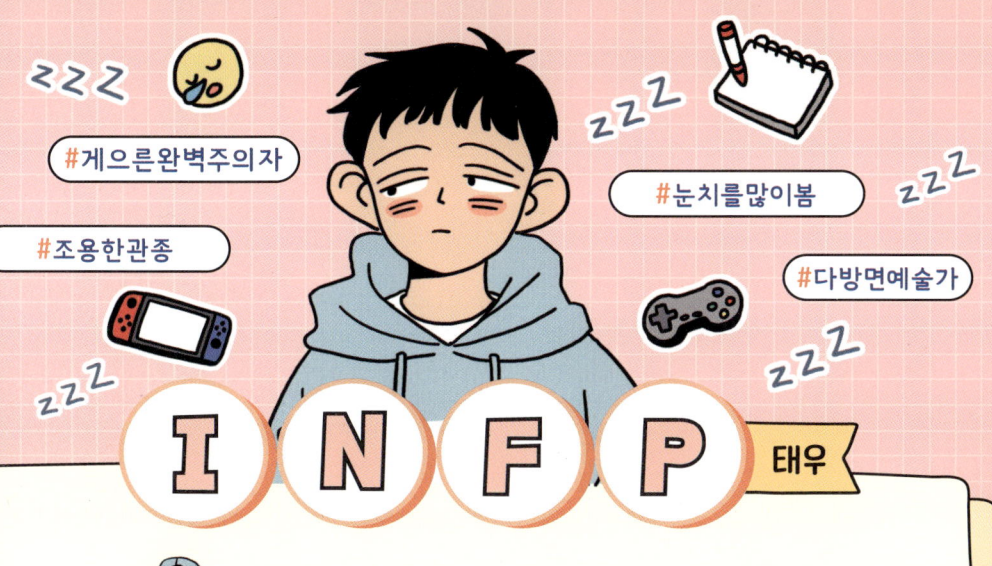

#게으른완벽주의자
#조용한관종
#눈치를많이봄
#다방면예술가

INFP 태우

진로 포인트
- 창작 능력이 필요한 일
- 아이디어를 인정받는 일
- 세상에 좋은 영향을 주는 일

- ✓ 자신의 감수성과 창작 능력을 마음껏 펼칠 수 있는 일을 좋아해요.
- ✓ 아이디어를 인정받는 일을 할 때 즐거움과 보람을 느껴요.
- ✓ 상황과 사람, 일의 가치 등 여러 가지를 깊이 생각해요.
- ✓ 사람들에게 간섭받지 않는 독립된 공간에서 일하는 것을 좋아해요.
- ✓ 당장 성과를 내는 일보다는 여유로운 상황에서 능력을 잘 보여줘요.
- ✓ 불의에 대해서 참지 않고 사람들을 위해 목소리를 내요.
- ✓ 일을 통해서 자신의 가치를 느끼는 편이에요.

성격 특성과 어울릴 수 있는 직업으로는 작가, 화가, 작곡가, 사회복지사, 미술치료사, 헤드헌터 등이 있어요.

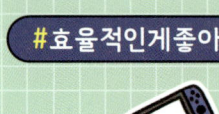
#효율적인게좋아

#목표는이룬다

#타고난관리자

#빠른추진력

E S T J 민수

진로 포인트
- 사람을 관리하는 일
- 현실적이고 체계적인 일
- 완벽함을 추구하는 일

- ✓ 현실적이고, 체계적으로 계획하고 추진해요.
- ✓ 사람들을 이끄는 타고난 관리자의 모습을 보여요.
- ✓ 명확한 논리에 따라 문제를 해결하고 처리해요.
- ✓ 함께 일하는 동료들에게 든든하고 믿음직스러운 존재예요.
- ✓ 주어진 시간과 자원을 효율적으로 잘 사용하는 유능함이 있어요.
- ✓ 완벽함을 추구해서 주변에서는 엄격하다고 느낄 수 있어요.
- ✓ 일할 때는 공감보다는 해결책 중심으로 반응해요.

성격 특성과 어울릴 수 있는 직업으로 사업가, 행정가, 소방관, 정치인, 회계사, 경찰, 군인 등이 있어요.

#문제해결사
#귀신같은눈치
#에너지뿜뿜
#누구와도잘어울림

ESTP 지현

진로 포인트
- 다양한 경험을 하는 일
- 사실적으로 조사를 하는 일
- 사람을 설득하는 일

- ✓ 어려운 문제가 발생해도 전체의 이익을 잘 챙기며 대처해요.
- ✓ 상황을 잘 파악하고 현실적인 일을 고려하며 행동해요.
- ✓ 관찰력이 뛰어나서 주변 사람들에게 어떤 능력이 있는지 잘 파악해요.
- ✓ 시행착오를 몸소 경험하면서 자신의 한계를 극복하려고 노력해요.
- ✓ 에너지가 넘치며 새로운 경험을 두려워하지 않아요.
- ✓ 자신의 의견을 전하고 설득하는 데 자신이 있어요.
- ✓ 실제 사건이나 사실을 관찰하는 일을 편안해해요.

성격 특성과 어울릴 수 있는 직업으로는 토목기사, 삼림 감독관, 운동 선수, 펀드 매니저, 뉴스 기자 등이 있어요.

E S F J 은정

진로 포인트
- 보람을 느낄 수 있는 일
- 사람들과 함께하는 일
- 책임감이 필요한 일

 사람들에게 친절하고 따뜻한 태도를 보여요.

 현실적이면서도 사람들을 잘 챙기기 때문에 사람들과 좋은 관계를 맺어요.

 긍정적인 반응을 잘 표현해서 주변에 에너지를 나눠요.

 비슷한 목표를 사람들과 함께 이루어 가는 일을 좋아해요.

 잘하고자 하는 욕심이 커서 미리부터 지나치게 걱정하기도 해요.

 책임감이 강하고 실수하는 것을 두려워해요.

 일을 할 때 갈등이나 논쟁이 생기면 피하려고 하는 편이에요.

성격 특성과 어울릴 수 있는 직업으로는 교사, 종교 지도자, 호텔 지배인, 마케팅 책임자, 여행 컨설턴트, 운동 코치 등이 있어요.

E S F P 민재

#단순한게좋아
#쾌활한핵인싸
#눈치가빠름
#열정적인행동파

진로 포인트
▷ 활동적인 일
▷ 사람들과 함께하는 일
▷ 열정과 에너지가 필요한 일

- ✓ 활동적이며 사교적인 역할을 편안해해요.
- ✓ 현실 감각이 뛰어나고 솔직하게 생각을 표현해요.
- ✓ 다른 사람의 마음을 잘 챙기며 열정과 에너지를 전해요.
- ✓ 새로운 사람이나 환경에도 잘 적응하고 단기 프로젝트를 잘해요.
- ✓ 열정과 에너지를 가진 사람들과 함께하는 걸 좋아해요.
- ✓ 눈치가 빠르고, 되도록 깊게 고민하지 않고 단순하게 생각해요.
- ✓ 자기 생각과 상상을 표현할 기회가 있는 환경을 편안해해요.

성격 특성과 어울릴 수 있는 직업으로는 초등학교 교사, 사진 작가, 홍보 전문가, 행사 진행자 등이 있어요.

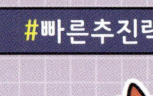 #빠른추진력

#불공평한건못참아

#카리스마리더십

#핵심파악을잘함

E N T J 여진

진로 포인트
▷ 책임지고 감독하는 일
▷ 사람들을 이끌며 목표를 이루는 일
▷ 지적 호기심을 자극하는 일

- ✓ 상상력이 풍부하고 강한 의지를 당찬 행동으로 보여 줘요.
- ✓ 당당한 카리스마가 있고 사람을 잘 이끌고 책임감 있게 관리해요.
- ✓ 장기적인 계획을 잘 세우고 문제가 생기면 논리적으로 해결해요.
- ✓ 판단력이 좋아서 팀을 이끌며 함께 목표를 달성하는 걸 잘해요.
- ✓ 자기 능력을 발전시키거나 사람들과 성장할 수 있는 일에 흥미를 느껴요.
- ✓ 다양한 사람들과 만나는 일을 좋아하며, 카리스마가 있어요.
- ✓ 성취에 관심이 많아서 좋은 결과를 내기 위해 최선을 다해요.

성격 특성과 어울릴 수 있는 직업으로는 임원, 경력 분석가, 헤드헌터, 변호사, 판사, 마케팅 책임자 등이 있어요.

#모험심가득
#재미는나의힘
#나를따르라
#근거있는고집

ENTP 준혁

진로 포인트
▷ 새로운 것에 도전하는 일
▷ 다양한 환경에서 하는 일
▷ 사람들과 함께하는 일

- ☑ 창조적이면서도 혁신적인 것을 만드는 일을 좋아해요.
- ☑ 다채로운 활동을 할 때 즐거움을 느끼며 적극적으로 행동해요.
- ☑ 다양한 사람들과 교류하는 것을 어려워하지 않아요.
- ☑ 존경할 만한 사람과 함께하는 것을 좋아하며 그런 사람을 잘 따라요.
- ☑ 장기적으로 꾸준히 노력해야 하는 일에서는 집중력이 흐려져요.
- ☑ 근거가 있는 정당한 비판에 기분 나빠하지 않고 쿨하게 인정해요.
- ☑ 새로운 것에 도전하는 모험을 즐기고 용감해요.

성격 특성과 어울릴 수 있는 직업으로는 정치 평론가, 제작 관리자, 벤처 사업가, 영화감독, 전략 기획자 등이 있어요.

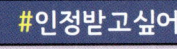 #인정받고싶어

 #생각보다여림
#책임감있는감성파 #뛰어난말솜씨

E N F J 경수

진로 포인트
▷ 말솜씨가 필요한 일
▷ 대표하며 책임지는 일
▷ 인정받는 일

- ☑ 노력을 인정받으며 성장할 수 있는 일을 할 때 즐거움을 느껴요.
- ☑ 다양한 사람들과 관계를 맺으며 목표를 향해 이끄는 역할을 잘해요.
- ☑ 문제가 생겼을 때 도움이 되는 해결책을 내고 스스로 만족해요.
- ☑ 말을 잘하고 리더십이 있어서 팀을 관리하는 것에 흥미를 느껴요.
- ☑ 자신이 하는 일이 누군가의 삶에 도움이 된다는 것을 확인받고 싶어 해요.
- ☑ 사람과 시간을 보내는 것을 좋아하고 어디서든 인기가 많아요.
- ☑ 사람들의 의견을 잘 조율해서 좋은 방향으로 나아가도록 도움을 줘요.

성격 특성과 어울릴 수 있는 직업으로는 통역가, 홍보 전문가, 외교관, 프로듀서, 연예인 등이 있어요.

#느낌이온다 #순수한매력
#독창적인생각 #열정이넘침

E N F P 세아

진로 포인트
▶ 자유롭게 협력하는 일
▶ 독창적인 아이디어가 필요한 일
▶ 도전적인 일

- ✓ 활력이 넘치고 열정적이며 다양한 도전을 즐겨요.
- ✓ 자신이 낸 아이디어가 현실로 이루어지는 일을 편안해해요.
- ✓ 여러 사람과 함께 자유롭게 소통하고 협력하는 프로젝트를 좋아해요.
- ✓ 일하는 과정 자체에서 재미를 느끼는 것을 중요하게 생각해요.
- ✓ 적응력이 뛰어나고 노력한 결과에 보상이 따르는 걸 즐겨요.
- ✓ 이것저것 하고 싶은 게 많아서 우선순위를 정하는 것을 어려워해요.
- ✓ 기존에 없는 새로운 것을 창조해 내는 것에 가치를 느껴요.

성격 특성과 어울릴 수 있는 직업으로는 예술 감독, 저널리스트, 카피라이터, 상품 기획자, 컨설턴트, 강사 등이 있어요.

전문 심리 검사 안내

 아이의 가장 자연스러운 모습과
잠재된 가능성이 궁금한 부모님께

| 자녀 MBTI 검사 +
부모 MBTI 양육 보고서 | (진로 종합 검사)
자녀 ONLY DOT 심리 검사
+ 진로 코칭 보고서 |

인터넷상의 무료 검사는 정식 검사가 아닙니다. 전문가들이 활용하는 정식 MBTI 검사를 추천합니다.

전문 심리 검사를 통해 진로 성숙도, 성격, 진로 흥미, 직업 가치관, 직업 역량을 측정하고 자녀에게 맞는 진로 계획을 세워 보세요.

※ MBTI는 초등학교 3학년, ONLY DOT(진로 종합 검사)은 중학교 1학년부터 검사할 수 있습니다.
※ 어린이 혼자서 이용할 수 없습니다. 보호자와 상의하세요.

이 페이지는 호시담 심리상담센터와 당신의 포레스트 심리검사연구소가 운영하는 **심리상담전문가 MBTI & 진로 코칭 프로그램 안내**입니다. 자세한 내용은 QR코드와 아래 연구소에 문의하세요.

·호시담심리상담센터
www.hosidampsy.com | 02-745-1052

·당신의 포레스트
www.ur4rest.com | 02-745-1053

진로 종합 심리 검사를 활용한 성격별 진로 전략

진로 종합 심리 검사 ONLY DOT(올리닺)

- ONLY DOT 심리 검사는 심리 상담 전문가들이 학생의 진로 성숙도, 성격, 진로 흥미, 직업 가치관, 직업 역량을 확인하고, 이를 통한 진로 계획을 수립하기 위해 활용하고 있는 전문 심리 검사예요.

- 자신의 성격을 이해하며 진로를 생각해 보았지만, 조금 더 나만을 위한 진로 계획과 전략을 찾고 싶다면, 진로 종합 검사를 통해서 확인해 볼 수 있어요. '나는 어떤 일을 흥미로워하는지', '어떤 능력을 가지고 있는지'를 세부적으로 파악할 수 있지요.

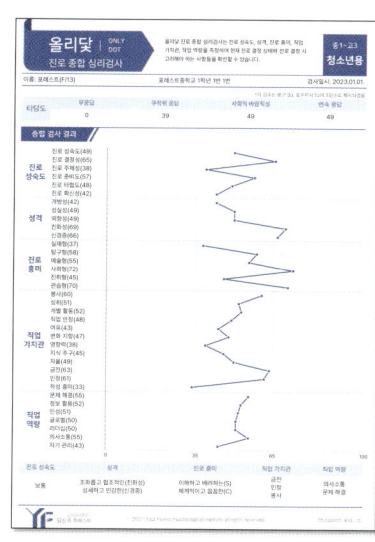

ONLY DOT 심리 검사 결과지

1. 나는 진로를 선택할 준비가 되었을까?

– '진로 성숙도'는 자신이 삶의 주체로서 진로의 방향을 스스로 결정하고, 그에 필요한 정보를 수집하며, 나아가 현실적 여건들을 고려하면서 진로 선택을 할 수 있는지를 측정합니다. 이는 스스로 진로를 탐색하고 결정하기 위한 준비 정도를 의미합니다.

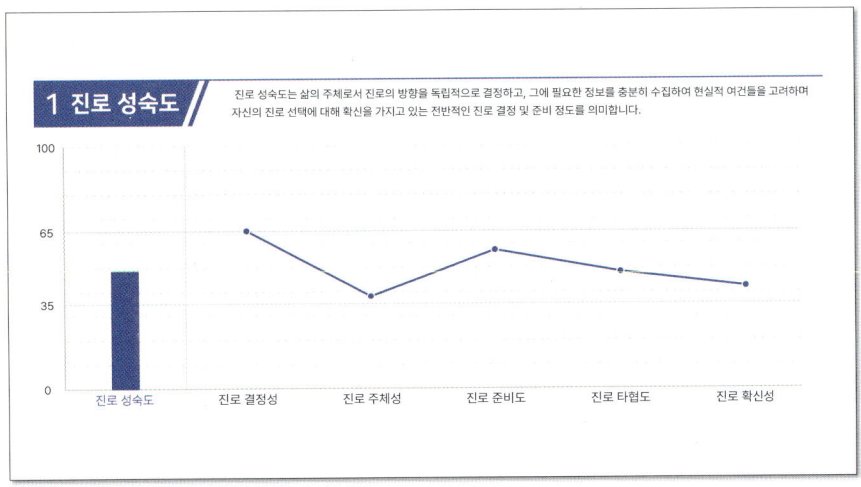

2. 나는 어떤 기질적 성격을 타고났을까?

– '성격' 항목은 성격 5요인 이론을 기반으로 타고난 5가지의 기질적 성격 특성을 탐색하는 영역입니다. 성격 각 요인을 통해 다양성을 추구하는 정도, 사회적 규범을 지키려는 정도, 타인과의 상호작용을 원하는 정도, 다른 사람과 조화로운 관계를 유지하는 정도, 정서적으로 안정된 정도를 확인할 수 있습니다.

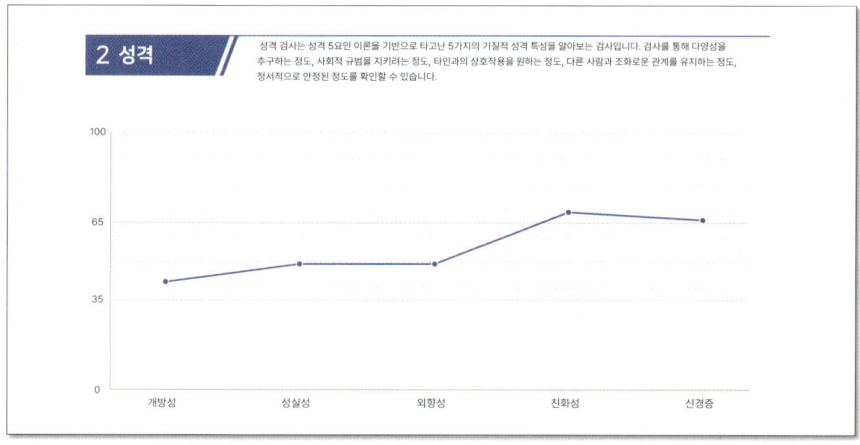

3. 나는 어떤 일을 흥미로워할까?

– '진로 흥미'는 일상, 진로, 직업, 환경에 있어 더욱 편안하게 느끼고 선호하는 것을 측정하여 6가지의 코드를 통해 나타냅니다. 진로 흥미 영역은 실재형(R), 탐구형(I), 예술형(A), 사회형(S), 진취형(E), 관습형(C) 으로 구성되어 있습니다.

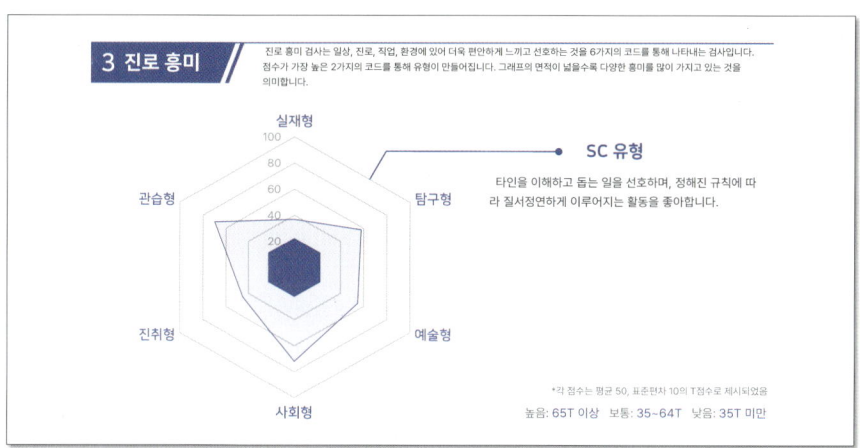

4. 나는 어떤 일을 의미 있게 느낄까?

– '직업 가치관'은 직업을 선택하는데 중요하게 고려하는 자신의 가치를 측정합니다. 자신에게 중요한 직업 가치가 무엇인지를 명확하게 알고 있는 것은 전공 선택, 직업 선택, 진로 계획에 매우 중요한 핵심 기준이 됩니다.

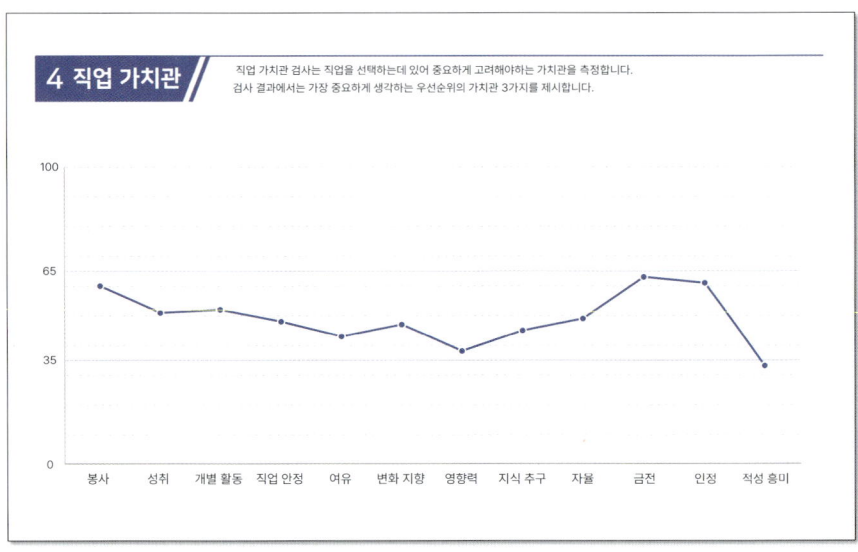

5. 나는 어떤 능력을 가지고 있을까?

– '직업 역량'은 직업 역량 영역은 일상, 진로 결정 및 구직 활동을 하는데 필요한 공통 역량 7가지를 측정합니다. 영역은 문제 해결, 정보 활용, 인성, 글로벌, 리더십, 의사소통, 자기 관리 요인으로 구성되어 있습니다.

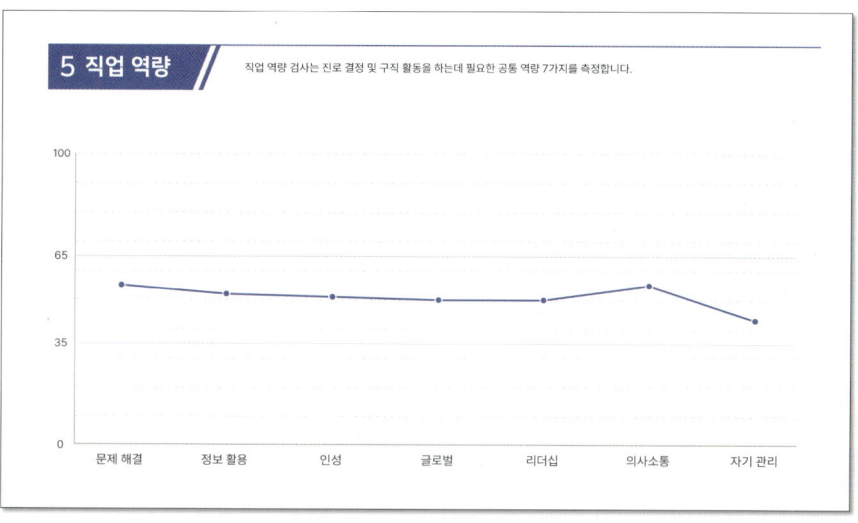

ONLY DOT 검사는 이런 아이에게 추천해요

- 앞으로의 진로나 꿈을 모르겠다고 느끼는 아이
- 진로를 생각하는 의지는 있으나, 어떤 준비를 해야 할지 혼란스러워하는 아이

ONLY DOT 검사는 이럴 때 추천해요

- 아이의 진로 흥미 및 진로 방향이 궁금할 때
- 깊이 있는 진로 탐색을 통해 자신의 진로 가치를 찾고 싶을 때
- 구체적인 미래를 설계하기 위한 동기 부여가 필요할 때

맺음말

〈우리들의 MBTI〉 시리즈를 마치며

그동안 〈우리들의 MBTI〉를 통해 성격, 친구 관계, 가족 관계, 공부법, 진로를 주제로 많은 이야기를 나누었어요. 지금까지 어땠나요? 친구들과 가족을 더욱 사랑하고 이해하게 되었나요? 아니면, 나와 성격이 맞거나 다르다며 더욱 구별하게 되었나요?

　서로를 알아가는 과정에는 상대방을 존중하고 이해하려는 노력이 필요해요. 그 노력은 상대방을 생각하는 마음으로부터 시작되지요. 그건 곧 누군가를 소중하게 여기는 마음이자, 사랑하는 마음의 첫걸음이기도 해요. 우리는 서로 다르기 때문에 함께해서 즐겁고 서로 소중하답니다. 사람들은 모두 서로 다르지만, 이 책의 제목처럼 '우리'는 '함께'하고 있고 각자 소중하다는 것을 느꼈기를 바라요. 그리고 나를 알아가는 것만큼 친구와 가족도 더욱 알아가는 시간이 되었으면 좋겠습니다. 여러분은 서로의 반짝임을 느끼며, 하루하루 행복을 주는 귀한 씨앗이 될 것이라 믿어요. 앞으로 나와 너를 더욱 사랑하기를 기대하고 응원합니다. 우리는 언제나 '있는 그대로 소중하고 반짝인다는 것' 꼭 기억해요!

　〈우리들의 MBTI〉 시리즈를 온 마음을 다해 출판해 주신 다산북스 가족 여러분과 소윤 작가님, 윤보황 편집자님, 그리고 호시담 연구소 조희진, 진정운, 임수정 선생님께 감사드립니다. 마지막으로 〈우리들의 MBTI〉 시리즈를 가장 가깝게 두고 읽으면서 많은 도움을 준 사랑하는 조카 희원이와 희서에게도 고마운 마음을 전합니다.

호시담심리상담센터
조수연

2021년부터 그리기 시작한 〈우리들의 MBTI〉 시리즈가 5권을 마지막으로 끝이 났습니다. 시리즈가 완성되어서 마음이 후련하기도 하지만, 귀여운 16명의 친구를 더 이상 그리지 않게 되니 아쉬운 마음도 참 크네요. 비록 제 손에서는 떠나지만, 독자님들 마음에는 오래오래 남아 주었으면 좋겠습니다.
우리, 또 만나요!

소윤

어린이 분야 최초 ✓✓
MBTI 성격 유형 만화 시리즈!

❶ 성격 유형

❷ 친구 관계

❸ 가족 관계

❹ 학습 유형

❺ 진로 선택

시리즈 특징

- 개성 가득한 MBTI 캐릭터들의 이야기를 만화로!
- 권별 주제에 관한 고민을 심리 상담 전문가의 답변으로 해결!
- 유형별 특징, 친구 관계, 가족 관계, 학습 유형, 진로 선택 수록!
- 권별 특별 부록 증정! MBTI 포토 카드, 공부 플래너, 스티커

★ 총 5권 ★